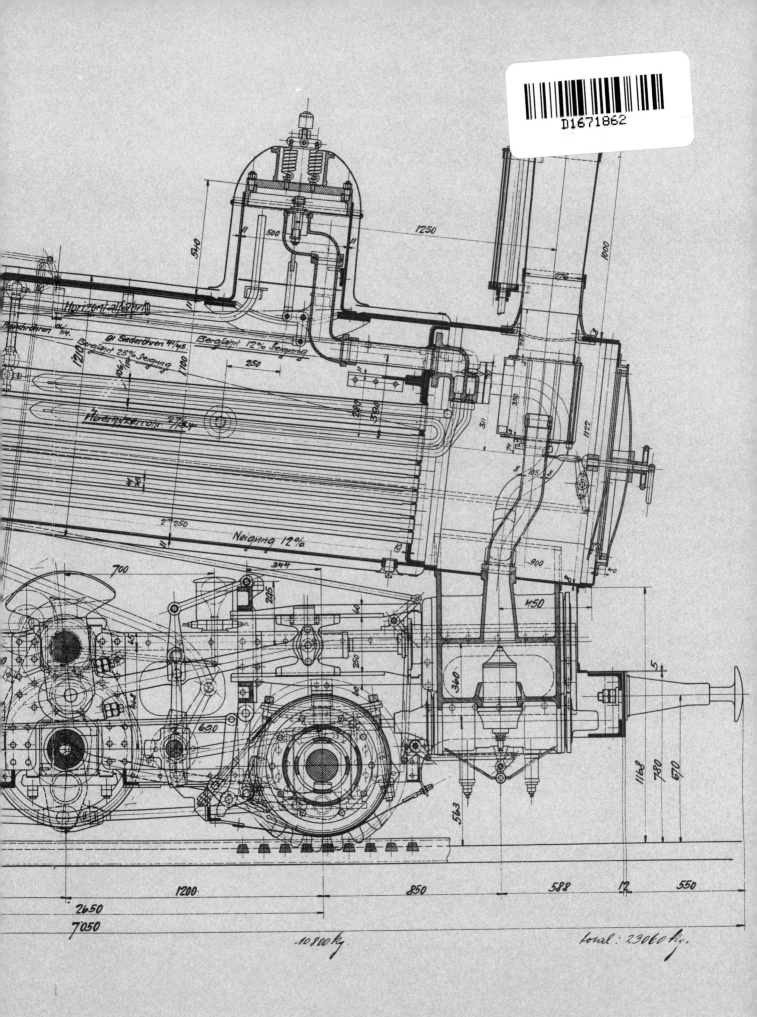

Peter Jacob / Robert Naef

Die schönsten Bergbahnen der Schweiz

Mit einer Einleitung von Rudolf Saum

RINGIER

Inhalt

ZUM GELEIT	5
VOM TRAGSESSEL ZUR GROSSRAUMKABINE	6
Die Vorläufer der Bergbahnen	6
Utopische Bergbahnprojekte	10
«Die Luftbahn auf die Rigi, System einer Communication mit Höhen, mit Anwendung der Luftballone als Lokomotive»	10
Der Baupionier Eduard Locher und seine Einschienenbahn auf den Pilatus	12
Reichspatent Nr. 44224: schwebende Drahtseilbahn Pilatus Kulm–Klimsenhorn	12
Kühne Jungfrau- und Matterhornprojekte	14
Die Epoche der Zahnradbahnen	14
Die Rigi wird erobert	16
Die Bezwingung des Pilatus	18
Die vier wichtigsten Zahnstangensysteme	20
Sicherheit großgeschrieben: die Bremsen der Zahnradbahnen	21
Das Zeitalter der Seilbahnen	24
Stürmische Entwicklung der Standseilbahn	24
Franz Josef Bucher: Standseilbahnpionier am Stanserhorn	24
Der Siegeszug der Luftseilbahnen	25
Schrittmacher der Pendelbahn	27
Gerschnialp–Trübsee: die erste Pendel-Luftseilbahn	29
Umlaufbahnen	34
Zubringerbahnen	34
GEBIRGSBAHNEN	36
Gotthardbahn	36
Lötschbergbahn	41
Rhätische Bahn	41
Aigle–Ollon–Monthey–Champéry	43
Luzern–Stans–Engelberg-Bahn	46
Martigny–Châtelard	46
Blonay–Chamby	48
Montreux–Berner-Oberland-Bahn	49
Brig–Visp–Zermatt-Bahn	53
Furka–Oberalp-Bahn	53
Centovalli-Bahn	56
BERGBAHNEN	57
Nordostschweiz	58
Luftseilbahn Schwägalp–Säntis	59
Luftseilbahn Brülisau–Hoher Kasten	60
Luftseilbahn Jakobsbad–Kronberg	60
Luftseilbahn Iltios–Chäserrugg	62
Standseilbahn Linthal–Braunwald	63
Gondelbahn Bödeli–Grotzenbüel	63
Luftseilbahn Bad Ragaz–Pardiel	66
Gondelbahn Tannenboden–Maschgenkamm	66

Redaktion: Max Rutishauser
Gestaltung: Otto Hediger

© by Ringier & Co AG, Zürich/München
Alle Rechte vorbehalten
Ohne ausdrückliche schriftliche Genehmigung des Verlages ist es nicht gestattet, das Buch oder Teile daraus zu kopieren oder zu vervielfältigen
Gedruckt in der Schweiz bei C. J. Bucher AG, Luzern
ISBN 3 85859 103 3

Graubünden	67
Luftseilbahn Arosa–Weißhorn	68
Gondelbahn Arosa–Hörnli	68
Gondelbahn Klosters–Madrisa	71
Luftseilbahn Klosters–Gotschnagrat–Parsenn	71
Luftseilbahn Davos–Pischa	72
Luftseilbahn Weißfluhjoch–Weißfluhgipfel	73
Standseilbahn Davos–Schatzalp	76
Gondelbahn Schatzalp–Strelapaß	76
Luftseilbahn Davos–Ischalp–Jakobshorn	78
Luftseilbahn Jakobshorn–Jakobshorn-Gipfel	78
Standseilbahn Davos–Parsenn–Weißfluhjoch	80
Luftseilbahn Parsennhütte–Weißfluhjoch	80
Luftseilbahn Lenzerheide–Parpaner Rothorn	81
Luftseilbahnen Mulania–Crap Sogn Gion und Crap Sogn Gion–Crap Masegn	82
Luftseilbahn Disentis–Caischavedra	85
Luftseilbahnen Flims–Startgels–Grauberg	85
Luftseilbahn Flims Dorf–Cassonsgrat	86
Luftseilbahn Surlej–Silvaplana–Corvatsch	86
Luftseilbahn Sils Maria–Prasüra	90
Luftseilbahn Corviglia–Piz Nair	90
Luftseilbahn St. Moritz Bad–Signal	91
Luftseilbahn Curtinatsch–Piz Lagalp	92
Standseilbahnen St. Moritz–Chantarella–Corviglia	92
Standseilbahn Punt Muragl–Muottas Muragl	93
Luftseilbahn Ravaisch–Alptrider Sattel	94
Zentralschweiz	95
Gondelbahn Kriens–Fräkmüntegg	96
Luftseilbahn Fräkmüntegg–Pilatus Kulm	96
Zahnradbahn Alpnachstad–Pilatus Kulm	96
Luftseilbahn Weggis–Rigi Kaltbad	101
Zahnradbahn Arth-Goldau–Rigi Kulm	101
Zahnradbahn Vitznau–Rigi Kulm	104
Stand- und Luftseilbahn Engelberg–Titlis	106
Gondelbahn Stöckalp–Melchsee-Frutt	106
Stand- und Luftseilbahn Stans–Stanserhorn	106
Luftseilbahn Beckenried–Klewenalp	109
Luftseilbahn Andermatt–Gemsstock	109
Luftseilbahn Weglosen–Seebli	110
Tessin	111
Standseilbahn Lugano–Monte San Salvatore	112
Sesselbahn Miglieglia–Monte Lema	113
Luftseilbahn San Carlo–Robiei	116
Standseilbahn Piotta–Ritom	116
Zahnradbahn Capolago–Monte Generoso	116
Luftseilbahn Brusino-Arsizio–Serpiano	118
Luftseilbahn Melide–Carona	118
Berner Oberland	119
Zahnradbahn Kleine Scheidegg–Jungfraujoch	121
Luftseilbahn Stechelberg–Schilthorn	126
Standseilbahn Mürren–Allmendhubel	126
Zahnradbahn Wilderswil–Schynige Platte	128
Gondelbahn Grindelwald Grund–Männlichen	129
Luftseilbahn Meiringen–Hasliberg-Reuti	129
Gondelbahn Reuti–Mägisalp	131
Sessellift Mägisalp–Planplatten	131
Zahnradbahn Brienz–Brienzer Rothorn	133
Standseilbahn Mülenen–Niesen Kulm	133
Sessellift Kandersteg–Oeschinen	135
Luftseilbahn Kandersteg–Stock-Gemmi	135
Luftseilbahn Erlenbach–Stockhorn	136
Gondelbahn Zweisimmen–Rinderberg	137
Funischlitten Saanenmöser–Hornberg	137
Gondelbahn Lenk–Stoß	138
Gondelbahn Stoß–Leiterli	138
Luftseilbahn Lenk–Metsch	140
Gondelbahn Geils–Hahnenmoos	143
Luftseilbahn Birg–Engstligenalp	143
Sesselbahn Beatenberg–Niederhorn	144
Nordwestschweiz / Westschweiz	145
Sesselbahn Oberdorf–Weißenstein	146
Sesselbahn Nods–Chasseral	146
Luftseilbahn Moléson Dorf–Plan-Francey	148
Luftseilbahn Plan-Francey–Le Moléson	148
Luftseilbahn Rougemont–La Videmanette	151
Luftseilbahn Château d'Œx–Pra-Perron	151
Luftseilbahn Pra-Perron–La Braye	151
Luftseilbahn Villars–Roc-d'Orsay	154
Zahnradbahn Montreux–Glion–Rochers-de-Naye	154
Diableretsbahnen	158
Standseilbahn Territet–Glion	158
Wallis	159
Luftseilbahn Fürgangen–Bellwald	160
Luftseilbahn Betten–Bettmeralp	160
Luftseilbahn Fiesch–Eggishorn	163
Luftseilbahn Mörel–Riederalp	163
Luftseilbahn Blatten–Belalp	164
Gondelbahn Saas Fee–Plattjen	166
Luftseilbahn Saas Fee–Felskinn	167
Gondelbahn Saas Fee–Spielboden	169
Luftseilbahn Spielboden–Längfluh	169
Gondelbahn Saas Fee–Hannig	170
Gondelbahn Sunnegga–Blauherd	171
Luftseilbahn Blauherd–Unterrothorn	171
Zahnradbahn Zermatt–Gornergrat	174
Luftseilbahn Gornergrat–Stockhorn	177
Luftseilbahn Zermatt–Schwarzsee	178
Luftseilbahn Zermatt–Trockener Steg	180
Luftseilbahn Leukerbad–Rinderhütte	182
Gondelbahn Albinenleitern–Rinderhütte	182
Luftseilbahn Zinal–Sorebois	183
Sesselbahn Grimentz–Bendolla	186
Luftseilbahn Anzère–Pas-de-Maimbré	189
Luftseilbahn Cry-d'Er–Bellalui	189
Luftseilbahn Cabane-des-Violettes–Plaine-Morte	191
Standseilbahn Sierre–Montana-Crans	192
Gondelbahn Veysonnaz–Thyon 2000	194
Luftseilbahn Le Chargeur–Blava	197
Gondelbahn Haute-Nendaz–Tracouet	199
Luftseilbahn Riddes–Isérables	199
Luftseilbahn Les Ruinettes–Les Attelas	202
Luftseilbahn Les Attelas–Mont-Gelé	202
Gondelbahn Les Marécottes–La Creusaz	204
Zahnrad-Monorail Emosson–Lac d'Emosson	205
Luftseilbahn Champéry–Planachaux	207

Zum Geleit

In der Anfangszeit der Eisenbahn blieb der Bau von Eisenbahnen vorerst auf das Flachland beschränkt. Um die Mitte des vergangenen Jahrhunderts begannen die Ingenieure und Techniker, sich eingehender mit den Schwierigkeiten zu befassen, die sich aus der Überwindung der Höhe ergaben. Anlaß hiezu gaben vor allem die Projekte von Schienenverbindungen über Gebirgszüge wie den Semmering, den Brenner und den St. Gotthard.

Die ersten Versuche mit Zahnradantrieb wurden aber weder in der Schweiz noch in einem anderen europäischen Gebirgsland ausgeführt. Schon 1812 verwendete der Engländer John Blenkinshop für eine Grubenbahn einen zahnradähnlichen Antrieb, und 1847 wurden auf einem besonders steilen Abschnitt einer amerikanischen Eisenbahnlinie Zahnstangen angebracht. Doch die erste eigentliche Zahnradbahn mit dem heute noch gebräuchlichen System baute 1869 der Amerikaner Silvester Marsh auf den Mount Washington in New Hampshire.

In der Schweiz gelang dem Oltner Niklaus Riggenbach eine ähnliche Lösung; seine Zahnstange fand zwei Jahre später, 1871, bei der Vitznau–Rigi-Bahn als erster Zahnradbahn Europas Anwendung. Diese und andere nachfolgend beschriebene Systeme führten, zusammen mit dem inzwischen aufgekommenen Bewußtsein für die Schönheiten der Alpen, zum Bau zahlreicher Bergbahnen.

Eine zusätzliche Erschließung der Berggegenden brachten dann die Standseilbahnen mit ihren noch größeren Steigungen. Die Fortschritte bei der Herstellung von Stahlseilen ermöglichten zudem den Bau von Luftseilbahnen. Nach dem ersten Versuch mit dem Wetterhornaufzug um 1908 vergingen allerdings 20 Jahre bis zum Bau weiterer Bahnen. Seither hat dieses neue Transportmittel, von 1944 an zudem durch Gondelbahnen und Sessellifte ergänzt, eine starke Verbreitung erfahren. Berg- und Seilbahnen haben Gebiete erschlossen, die bis anhin nicht oder nur schwer erreichbar gewesen sind; sie haben das Aufkommen des Tourismus gefördert oder überhaupt erst ermöglicht. Heute gibt es in der Schweiz 25 Bergbahnen, 50 Standseilbahnen, 400 Luftseilbahnen, Gondelbahnen und Sessellifte sowie 1100 Skilifte; diese können zusammen pro Stunde fast eine Million Personen befördern. Ihre große wirtschaftliche Bedeutung zeigt die Tatsache, daß sie bei einer Streckenlänge von 1700 Kilometern – das sind 58% des Netzes der SBB – einen Umsatz erzielen, der fast der Hälfte der gesamten Einnahmen unserer Staatsbahnen aus dem Personenverkehr entspricht.

Die Berg- und Seilbahnen haben aber auch Auswirkungen auf die Umwelt. Was vielerorts als Entwicklungshilfe begrüßt worden ist, hat im Laufe der Jahre da und dort zu einer Beeinträchtigung des Landschaftsbildes und der Lebensqualität geführt. Heute ist man sich dieser Eingriffe in die Natur bewußt. Anderseits müssen in einem Land, in dem der Tourismus den drittgrößten Wirtschaftszweig bildet, vernünftige Kompromisse zwischen Natur und Technik angenommen werden.

Berg- und Seilbahnen bieten aber nicht nur dem Sportler und Wanderer zahllose Vorteile und Erleichterungen, sie geben – und dies scheint mir besonders wichtig – vor allem älteren und behinderten Menschen überhaupt erst die Möglichkeit, die herrliche Bergwelt selbst zu erleben. So bildet das vorliegende Buch ein Vademekum für all jene, die gerne mehr Wissenswertes über die Bahnen vernehmen möchten. Während im ersten Teil Rudolf Saum, Vizedirektor der Pilatusbahn, den Leser in die technischen Geheimnisse einweiht, vermitteln die Journalisten Peter Jacob und Robert Naef aufschlußreiche Hinweise über Anlagen und Landschaft.

Möge das Buch den vielen Lesern ein zuverlässiger Begleiter auf ihrer Fahrt durch die einzigartigen Gegenden unserer Heimat sein, von den Gestaden der Seen bis hinauf zu den eis- und schneebedeckten Gipfeln der Alpen!

Dr. h. c. Alfred Waldis
Delegierter des Verkehrshauses der Schweiz

Vom Tragsessel zur Großraumkabine

Eine Schweiz ohne Tourismus wäre heute undenkbar. Die Bergbahnen nehmen innerhalb des touristischen Gesamtangebots unseres Landes zweifellos eine bedeutende Stellung ein. Es kommt nicht von ungefähr, daß viele unserer berühmten Berge schon vor der Jahrhundertwende mit nicht minder berühmten Bahnen den unzähligen Besuchern aus aller Herren Ländern zugänglich gemacht wurden. Die Kunst der Bergbahnpioniere, eine reizvolle Synthese zwischen Gebirgswelt und Technik zu schaffen, erweckt heute noch unsere Bewunderung. Viele der großartigen technischen Meisterwerke, die vor der Wende des 19. zum 20. Jahrhundert entstanden sind, werden auch die kommende Jahrhundertwende in alter Frische überdauern.

Die Vorläufer der Bergbahnen
Zu Beginn des 18. Jahrhunderts priesen die großen Dichter und Denker der damaligen Zeit in

ihren Werken die Naturschönheiten. Angeregt durch die begeisterten Schilderungen, griffen viele Zeitgenossen zum Wanderstab und legten damit den Grundstein zum Tourismus.

Die Rigi wurde dank ihrer leichten Zugänglichkeit schon sehr bald zu einem klassischen Ausflugsberg.

Im Jahre 1816 trugen sich bereits 294 Besucher – darunter auch Deutsche, Österreicher, Engländer und Franzosen – im Gästebuch auf Rigi Kulm ein. Elf Jahre später, 1827, stieg die registrierte Besucherzahl auf 1489 Personen an. Mitte des 19. Jahrhunderts war schon von sage und schreibe 30000 bis 40000 Rigibesuchern die Rede! Außer der vielgerühmten Fernsicht vermochte auch das immer wieder aufs neue faszinierende Schauspiel eines Sonnenaufgangs beträchtliche Besucherzahlen anzulocken.

Um auch weniger kräftigen Zeitgenossen eine Rigibesteigung zu ermöglichen, wurden Pferde und Tragsesseltransporte eingeführt. Da die einheimischen «Transportunternehmer» einander schon bald kräftig zu konkurrenzieren begannen, mußte die Luzerner Regierung im Jahre 1853 die erste Tarifordnung erlassen. Der Sesselträgertarif nach bzw. von Rigi Kulm beispielsweise wurde wie folgt festgesetzt:

Arth, Goldau, Lauerz	Fr. 6.— bzw. Fr. 5.30
Gersau, Vitznau	Fr. 8.— bzw. Fr. 7.30
Weggis	Fr. 5.— bzw. Fr. 5.—

Paßüberquerungen und Bergbesteigungen mit den Hilfsmitteln der damaligen Zeit – bei Sturm und Regen nicht unbedingt ein Vergnügen! Pferde- und Sänftepartien waren sehr gefragt, so daß schon früh Tarifordnungen erlassen werden mußten.

Oben: Mit der Erfindung allein ist es nicht getan, man muß für ihre Verwertung auch einen Geldgeber finden – was dem mehr künstlerisch denn technisch begabten Winterthurer Architekten Friedrich Albrecht mit seinem utopischen Projekt einer «Luftbahn auf die Rigi» aus begreiflichen Gründen nicht gelang...

Nächste Doppelseite: Sensationelles Projekt eines Monorails auf den Pilatus! Die Ideen des berühmten Bau- und Bahnpioniers Eduard Locher (1840–1910) eilten den technischen Möglichkeiten der damaligen Zeit weit voraus. Das Konzept des Locherschen Dampfmonorails erweckt sogar im Raumfahrtzeitalter Bewunderung.

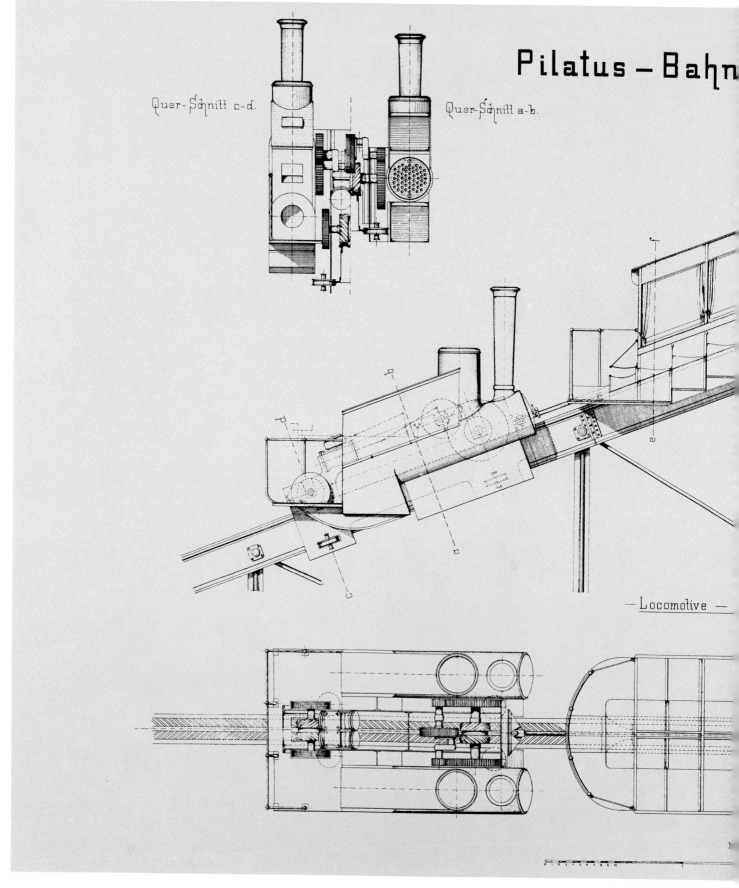

Utopische Bergbahnprojekte

Das steigende Interesse einer immer breiteren Bevölkerungsschicht an unserer Gebirgslandschaft beflügelte die Phantasie zahlreicher Erfinder. Neben bewundernswerten, schon zur damaligen Zeit technisch hochstehenden Projekten wurden auch Hirngespinste zu Papier gebracht. 1845 erschien im «Hinkenden Zürcher Bot» ein Artikel unter dem vielsagenden Titel «Emanzipation der Pferde und die Eisenbahnfrage».

«Die Luftbahn auf die Rigi, System einer Communication mit Höhen, mit Anwendung der Luftballone als Lokomotive»

Der Winterthurer Architekt Friedrich Albrecht veröffentlichte im Jahre 1859 eine illustrierte

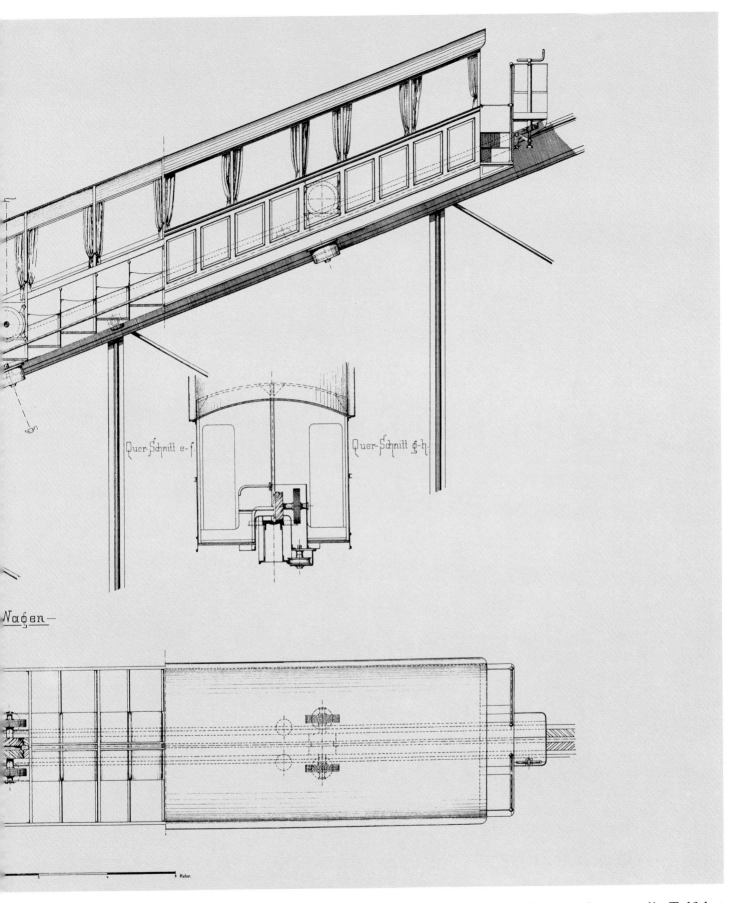

Schrift mit der obengenannten phantasievollen Bezeichnung. Albrecht wollte eine eiserne Gleitbahn in der Form einer schiefen Ebene von Immensee nach Rigi Kulm errichten. Die Gleitbahn war als Führung für mehrere Kabinen vorgesehen, die von 20 Meter großen Gasballonen bergauf geschleppt werden sollten. Mit Wasserballast an den Fahrzeugen sollte der Auftriebskraft der Ballone entgegengewirkt werden, um die Talfahrt bewerkstelligen zu können. Albrecht beschrieb in seinem Projekt auch die Stationsbauten mit Ballonschuppen und Wasserstoffgas-Erzeugungsanlage. Sogar eine Rentabilitätsberechnung wurde aufgestellt. Die Skurrilität des Projekts wurde dadurch dokumentiert, daß sich kein ernsthafter Interessent dafür finden ließ.

Der Baupionier Eduard Locher und seine Einschienenbahn auf den Pilatus

Der bekannte Baupionier und spätere Erbauer der Pilatusbahn, Oberst Eduard Locher, veröffentlichte 1885 ein aufsehenerregendes und noch heute modern anmutendes Projekt einer Einschienenbahn auf den Pilatus. Die Linienführung war praktisch identisch mit dem heutigen Bahnverlauf. Auf eleganten Stahlstützen wollte Locher einen 60 Zentimeter hohen und 40 Zentimeter breiten Stahlkastenträger – am besten als umgekehrtes U vorstellbar – als Fahrbahn anordnen. Auf der oberen Fläche des U-Trägers waren zwei nebeneinanderliegende, schräg verzahnte Zahnstangen so vorgesehen, daß ein Zahnbild in V-Form entstand. Dadurch hätten sich die horizontalen Kraftkomponenten beim Zusammenwirken mit den sinngemäß auch paarweise angeordneten Triebzahnrädern der Fahrzeuge aufgehoben. Die Seitenführung der Fahrzeuge wäre mit horizontalen Führungsrollen am untern Rand des Kastenträgers bewerkstelligt worden. Als Fahrzeugkompositionen stellte sich Locher eine unten angeordnete, zweizylindrige Dampflokomotive und einen mittels Kupplungsstange gelenkig angekuppelten Wagen vor.

Das Projekt war technisch nicht nur realistisch, sondern geradezu revolutionär. Vermutlich ließen sich die kühnen Stahlkonstruktionen mit den damaligen primitiven Fabrikationsmethoden aber noch nicht herstellen. Das Monorailzeitalter dürfte wahrscheinlich erst bei der Wende vom 20. zum 21. Jahrhundert zum Durchbruch kommen.

Reichspatent Nr. 44224: schwebende Drahtseilbahn Pilatus Kulm–Klimsenhorn

Für seine Erfindung einer «schwebenden Drahtseilbahn» erhielt der spanische Ingenieur Leonardo Torres y Quevedo im Jahre 1887 das deutsche Reichspatent Nr. 44224. Vermutlich angespornt durch den Bau der Zahnradbahn auf den Pilatus, erstellte Torres im Jahre 1889 ein Projekt für eine Luftseilbahn auf der Pilatus-Nordseite. Wie man dem heute noch vorhandenen Projektplan entnehmen kann, hätte es sich in technischer Hinsicht um eine recht primitive Einrichtung gehandelt. Es waren sechs gespannte Tragseile und für die Bewegung der achtplätzigen Kabine sechs Zugseile vorgesehen. Als Kraftquelle für den Seiltrieb sollte eine Dampfmaschine dienen.

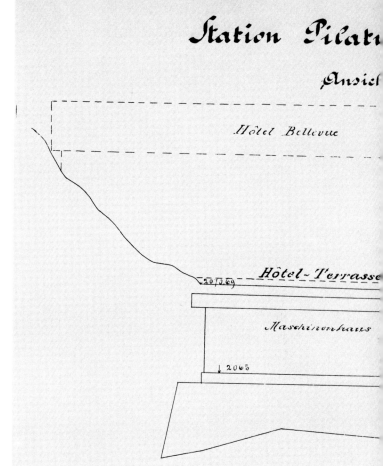

Ausgerechnet ein spanischer Ingenieur (Torres) wollte im klassischen Bergbahnenland Schweiz die erste Luftseilbahn am Pilatus bauen...

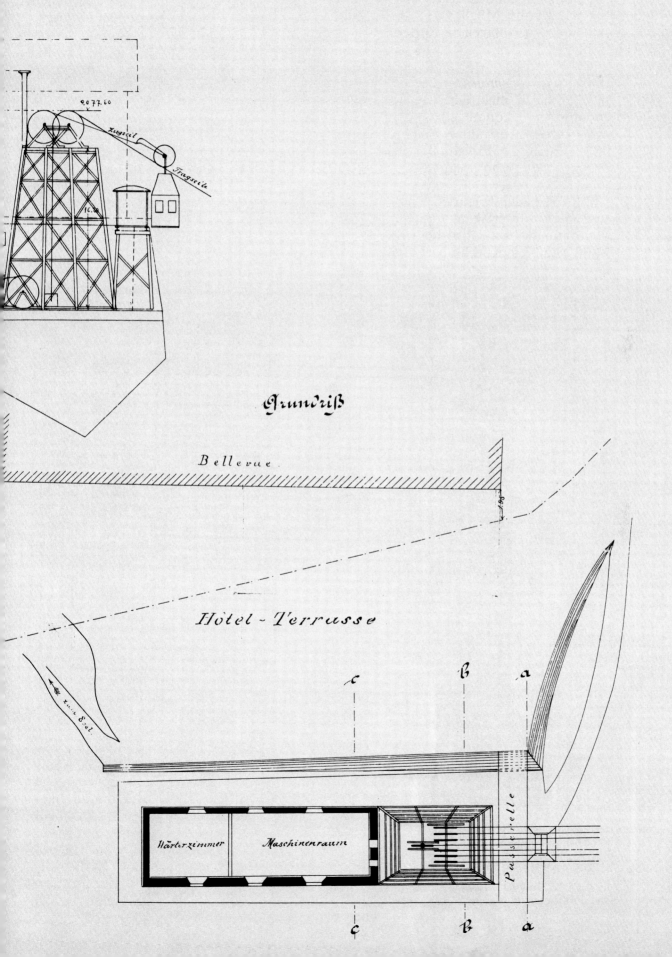

Im Jahre 1890 erteilte die Regierung des Kantons Nidwalden eine Baukonzession. Aufgrund verschiedener Einsprachen kam das Projekt aber nicht zur Ausführung; als Einsprachebegründung nannte die Handels- und Industriegesellschaft Luzern die Verunstaltung der schönen Landschaft. Gleichzeitig wurde jedoch die Möglichkeit, den Fremdenverkehr mit solchen Anlagen zu fördern, nicht ausgeschlossen.

Kühne Jungfrau- und Matterhornprojekte
Mit der Schilderung der vielen, mehr oder weniger utopischen Bergbahnprojekte könnte ein ganzes Buch gefüllt werden. Unsere Auswahl an solchen Beispielen soll indes durch die Erwähnung der kühnen Jungfrau- und Matterhornpläne abgeschlossen werden.
Schon 1859 sprach ein gewisser Friedrich Seiler, Hotelier und Industrieller in Interlaken, von einer pneumatischen Jungfraubahn. Im Jahre 1889 gelangten Projekte von Maurice Koechlin (Standseil- oder Zahnradbahn) und Alex Trautweiler (Standseilbahn) an die Öffentlichkeit. Ein Jahr später trat wieder der vorher erwähnte Bau- und Bahnpionier Eduard Locher mit einem sensationell anmutenden Jungfraubahnprojekt ins Rampenlicht. Von der Talsohle hinter Lauterbrunnen wollte Locher zwei parallel nebeneinanderliegende und direkt zum Jungfraugipfel führende Tunnelröhren von je 3 Meter Durchmesser errichten lassen. Als Transportgefährt war pro Röhre je ein zylindrischer, 50 Sitzplätze aufweisender Wagen mit radial angeordneten Rädern vorgesehen. Die Wagenkörper waren als Kolben in einem langen Zylinder aufzufassen.

Locher stellte sich vor, daß die Tunnelfahrzeuge, auf einer Druckluftsäule reitend, auf- und abwärts gleiten sollten. Heute würde man ganz einfach von einer «großkalibrigen Rohrpostanlage für Personentransport» sprechen. Selbstverständlich dachte Locher mit seiner gewohnten Gründlichkeit auch an die Sicherheitsbremsen und die Regulierung des Luftdrucks. Für die Erzeugung des Luftdrucks waren zwei hintereinandergeschaltete Zentrifugalventilatoren von je 6,5 Meter Durchmesser und einem Leistungsbedarf von 2400 PS vorgesehen.

Im August 1890 kam das Projekt einer Matterhornbahn – zusammen mit dem Gornergratprojekt – an die Öffentlichkeit. L. Heer-Bétrix in Biel und X. Imfeld in Zürich wurden als Projektverfasser genannt. Als Ausgangspunkt war die Gegend Zum See (1785 m ü. M.) vorgesehen. Mit einer elektrisch betriebenen Standseilbahn sollte in einer ersten Etappe der Schafberg (2310 m ü. M.) erreicht werden. Eine elektrische Zahnradbahn würde in einer zweiten Etappe den Anschluß bis zur Whymperhütte (3140 m ü. M.) bewerkstelligen. Die Kette bis zum Matterhorngipfel (4478 m ü. M.) sollte schließlich wiederum mit einer elektrischen Standseilbahn als dritter Etappe geschlossen werden.

Da die eidgenössischen und die kantonalen Bewilligungsbehörden der damaligen Zeit äußerst konzessionsfreudig waren, kann es als Glücksfall bezeichnet werden, daß jeweils rechtzeitig aus wirtschaftlichen und technischen Erwägungen eine Ausscheidung zwischen Realisierbarkeit und Utopie stattfand. Manches noch so kühne Projekt wäre noch vor der Vollendung gescheitert.

Die Epoche der Zahnradbahnen
Nach dem Blick ins Reich der Phantasie ist es nun am Platz, einer der bedeutendsten Epochen des Bergbahntourismus, nämlich dem Zahnradbahnzeitalter, die Reverenz zu erweisen. Die vor mehr als 100 Jahren entstandenen Konzepte haben bis heute nichts an Aktualität eingebüßt. In den beiden folgenden Abschnitten sollen sowohl die erste wie auch die steilste Zahnradbahn der Schweiz und Europas, die beide als Markteine in der Bergbahngeschichte gelten, vorgestellt werden.

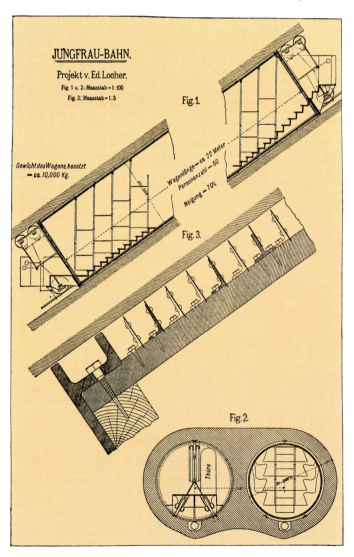

Oben: Mit einer großen «Rohrpostanlage für Personentransport» wollte der bekannte Bahnbauer Eduard Locher den Gipfel der Jungfrau erschließen.

Rechts: Im ausgehenden 19. Jahrhundert, als zahlreiche Bergbahnen den Betrieb eröffneten, mußte auch der Werbung Beachtung geschenkt werden.

Die Rigi wird erobert

Der Mann, der seine Phantasie zu zügeln vermochte und den Boden der Realitäten nicht verließ, hieß Niklaus Riggenbach (1817–99). Als Chef der Maschinenwerkstätte der Schweizerischen Centralbahn-Gesellschaft in Olten wurde er mit den Problemen des Adhäsionsbahnbetriebs auf der Hauensteinrampe konfrontiert. Dabei kam er auf den Gedanken, für die Überwindung von Steilrampen Zahnstangen und Zahnradlokomotiven einzusetzen. Ohne zu ahnen, daß ungefähr zur selben Zeit in Amerika ein Ingenieur namens Silvester Marsh auch an einem Zahnradbahnsystem arbeitete, ließ Riggenbach seine Erfindung im Jahre 1863 in Frankreich patentieren.

Marsh baute dann tatsächlich die erste Zahnradbahn der Welt, die im Jahre 1869 den Betrieb auf den Mount Washington (1917 m ü. M.) im Staate New Hampshire aufnahm.

Anfänglich stieß Niklaus Riggenbach mit seiner Zahnradbahnidee in der Schweiz auf großes Mißtrauen und auf Ablehnung. Erst als der damalige Generalkonsul in Washington, John Hitz, bei einem Besuch in Olten zufälligerweise die Pläne und Modelle Riggenbachs sah und dabei auf die Mount-Washington-Bahn hinwies, kam Schwung in die Angelegenheit.

Im Mai 1869 wurde ein Mitarbeiter Riggenbachs, Ingenieur Otto Grüninger, zu Studienzwecken nach Amerika entsandt. Bereits im Sommer 1869 erhielt Riggenbach einen sehr umfassenden und positiven Bericht aus New Hampshire, und nun konnte der Oltner Pionier endlich an die Verwirklichung seiner Pläne denken.

Es ist unbestritten, daß Riggenbach als selbständiger Erfinder der Zahnradbahn in Europa zu gelten hat. Marsh hat die Pioniertat Riggenbachs denn auch indirekt anerkannt, als er die Riggenbachsche Patentanmeldung in Amerika im Jahre 1872 nicht anfocht.

Zweifellos haben die alten Pioniere einander auch in die Karten geguckt; aus dem Werk von Emil Strub, «Bergbahnen der Schweiz bis 1900», geht hervor, daß die Konstruktion der Rigibahn derjenigen am amerikanischen Mount Washington recht ähnlich war, aber bereits bedeutende Verbesserungen aufwies.

Im Juni 1869 kam für Riggenbach der große Tag: Die Konzessionserteilung für die Vitznau–Rigi-Bahn durch die Luzerner Regierung sowie die entsprechende Bestätigung durch National- und Ständerat trafen ein. Am 30. August 1869 fand in

Die Station Rigi Staffel mit besonderer Bedeutung in der Rigibahngeschichte: 1873 konnte von hier, über die Kantonsgrenze hinaus, nach Kulm gefahren werden.

Olten die «erste allgemeine Sitzung der Rigibahngesellschaft» statt. Dabei wurde ein Aktienkapital von 1,25 Millionen Franken festgelegt.

Bei der ersten Sitzung des Verwaltungsrates vom 18. September 1869 wurden die Unternehmer Riggenbach, Naeff und Zschocke mit dem Auftrag zum Bau der Rigibahn, einschließlich dreier Lokomotiven sowie dreier Personen- und dreier Güterwagen, betraut. Die Auftragssumme belief sich auf 1,18 Millionen Franken. Noch im Herbst 1869 wurde in Vitznau mit den Bauarbeiten begonnen. Mit Ausnahme der Schnurtobelüberquerung waren keine außerordentlichen Bauhindernisse zu überwinden. Am 21. Mai 1870 fand auf einer Teilstrecke von 300 Metern bei Vitznau die erfolgreiche Probefahrt mit der wenige Tage zuvor eingetroffenen ersten Lokomotive statt.

Die Vitznau–Rigi-Bahn wurde am 21. Mai 1871 im Beisein zahlreicher hoher Gäste feierlich eröffnet. Der Bundespräsident und drei weitere Bundesräte dokumentierten die Bedeutung des Ereignisses mit ihrer Anwesenheit.

Das Unternehmen entwickelte sich immer weiter. Dank einer Vereinbarung mit der etwas später eröffneten Arth–Rigi-Bahn konnte im Juni 1873 der direkte Verkehr von Vitznau nach Rigi Kulm aufgenommen werden; bis dahin hatte die Vitznau–Rigi-Bahn nur bis zur Staffelhöhe, d.h. bis zur Grenze zwischen den Kantonen Luzern und Schwyz, verkehrt. Als weiterer Meilenstein in der Unternehmensgeschichte sei noch der 3. Oktober 1937 genannt: An diesem Tag wurde die Bahn elektrifiziert.

Die Bezwingung des Pilatus

Nach der Eroberung der sanften Rigi – 1875 nahm auch die Arth–Rigi-Bahn ihren Betrieb auf – galt es, dem schroffen und sagenumwobenen Pilatus mit einer Bahn zu Leibe zu rücken.

In den Jahren 1871/72 ließ die Schweizerische Kreditanstalt ein Pilatusbahnprojekt, basierend auf dem bekannten und bewährten System Riggenbach, ausarbeiten. Bei der maximal zulässigen Neigung von 250‰ hätte eine Streckenlänge von 8,75 Kilometern in Kauf genommen werden müssen. Nachdem Niklaus Riggenbach am 15. Mai 1873 in einem Gutachten zum Pilatusbahnprojekt technische und wirtschaftliche Bedenken geäußert hatte, wurde die Angelegenheit einstweilen nicht weiterverfolgt. Zehn Jahre später trat einmal mehr der bekannte Pionier – und in diesem Falle Herausforderer Riggenbachs – Eduard Locher in Aktion. Neben seinem futuristischen Monorailplan schlug er ein für die damalige Zeit konventionelles Bahnsystem, jedoch mit einem ganz neuen Zahnstangenprinzip, vor. Dank der liegenden Anordnung seiner Fischgrätezahnstange und dem horizontalen Zahneingriff mit einem liegenden Zahnradpaar war nun die doppelte Neigung (bis 500‰) problemlos realisierbar. Die notwendige Streckenlänge ließ sich auf die Hälfte, also auf rund 4,5 Kilometer, reduzieren. Unter Einbezug

Links: Einer der ersten Rigibahnzüge – noch mit stehendem Dampfkessel – auf der Schnurtobelbrücke.

Oben: Ein Dampftriebwagen der Pilatusbahn auf dem Wolfortviadukt kurz nach der Betriebseröffnung.

der schroffen Eselwand entstand die noch heute einzigartige und bewundernswerte Streckenführung der Pilatusbahn.

Am 29. März 1886 konstituierte sich die Pilatusbahngesellschaft. Das Aktienkapital betrug zwei Millionen Franken. Die Unternehmergemeinschaft Locher & Cie in Zürich erhielt einen Pauschalauftrag zum Bau der Bahnanlage mit acht Dampftriebwagen. Die Auftragssumme wurde mit 1,9 Millionen Franken beziffert. Mit dem Bahnbau konnte bereits im April 1886 begonnen werden. Am 5. Oktober 1886 fand auf einer kurz zuvor fertiggestellten Teilstrecke bei der Station Alpnachstad die erste Probefahrt mit einem neuen Dampftriebwagen statt. Die Eröffnung erfolgte am 17. Mai 1889, und am 4. Juni 1889 wurde der fahrplanmäßige Betrieb aufgenommen.

Nach einer wechselvollen Entwicklung des Unternehmens wurde am 15. Mai 1937 – mitten in einem wirtschaftlichen Tiefpunkt – der elektrische Betrieb mit acht neuen Triebfahrzeugen aufgenommen.

Die vier wichtigsten Zahnstangensysteme

Ohne kurze Erläuterung der vier wichtigsten Zahnstangensysteme, welche den Betrieb unserer Bergbahnen ermöglichen, wäre die Schilderung der Zahnradbahnepoche unvollständig. Jedes System hat bestimmte Eigenschaften mit Vor- und Nachteilen. Aus wirtschaftlichen Gründen mußten die beim Bau ursprünglich gewählten Zahnstangenarten in der Regel beibehalten werden.

System Riggenbach
Niklaus Riggenbach (1817–99)
Riggenbach entwickelte seine Leiterzahnstangen im Jahre 1863. Zwischen zwei senkrecht angeordnete U-förmige Eisenwangen sind Eisenzähne mit trapezförmigem Querschnitt eingenietet. Bezüglich Form und Befestigung der Zähne sind im Verlaufe der Zeit verschiedene Vereinfachungen und Verbesserungen vorgenommen worden. Die entscheidendste Verbesserung hat Ingenieur Pauli bereits 1890 – im Zusammenhang mit dem Bau der Wengernalpbahn – vollzogen, als er das Einheitsgewicht unter Beibehaltung der Festigkeit beträchtlich reduzierte.

Die Riggenbachsche Zahnstange hat sich bis heute bewährt, ist aber teuer in der Herstellung und bereitet gewisse Schwierigkeiten beim Bau von Kurven und Weichen.

System Abt   Roman Abt (1850–1933)
Abt konstruierte seine Lamellenzahnstange im Jahre 1882. Auf einem sogenannten Lamellenstuhl werden zwei aufrecht stehende Flacheisen-

Die Abtsche Lamellenzahnstange (1882).

Die Riggenbachsche Leiterzahnstange (1863).

stäbe mit ausgefrästen Zahnlücken, die um eine halbe Zahnteilung gegeneinander versetzt sind, nebeneinander verschraubt. Die Lamellenzahnstange hat ein kleines Einheitsgewicht, ist einfach anzufertigen, erlaubt kleine Kurvenradien und erleichtert die Herstellung von Kurven und Weichen. Zudem ermöglichte das Abtsche System zum erstenmal eine Kombination zwischen Adhäsions- und Zahnstangenbetrieb; Abt kann daher als Wegbereiter des gemischten Betriebs für Bahnen des öffentlichen Verkehrs bezeichnet werden. Die Versetzung der Zahnstangenlamellen gegeneinander führt zu einer guten Laufruhe, was jedoch an den Fahrzeugen mit erhöhtem Aufwand – zwei parallele Zahnräder – erkauft werden muß.

System Locher   Eduard Locher (1840–1910)
Die Fischgrätezahnstange entstand im Jahre 1885 bei der Projektierung der Pilatusbahn. Auf ein

spezielles Tragprofil, eine sogenannte Vautrinschiene, wird ein liegender Flacheisenstab mit beidseitig symmetrisch ausgefrästen Zahnlücken geschraubt. Die Seitenflanken der Vautrinschiene dienen – in Verbindung mit entsprechenden Laufscheiben unterhalb der liegenden Zahnräder – als Horizontalführung der Triebfahrzeuge. Die Lochersche Zahnstange ist relativ schwer und teuer. Zudem ist der fahrzeugseitige Aufwand recht groß, da zwei paarweise nebeneinander liegende Zahnräder mit den bereits erwähnten Führungsscheiben notwendig sind. Mit der Fischgrätezahnstange können keine Weichen kombiniert werden; Gleismanöver müssen daher mit Schiebebühnen oder Gleiswenderplatten bewerkstelligt werden. Außer bei der steilsten Zahnradbahn der Welt, der Pilatusbahn, wurde das Lochersche Zahnstangenprinzip nirgends mehr angewandt.

Die Strubsche Zahnstange (1896).

Die Lochersche Fischgrätezahnstange (1885).

System Strub   Emil Viktor Strub (1858–1909)
Die Strubsche Zahnstange, entwickelt im Jahre 1896, kann als Vereinfachung der Riggenbachschen Leiterzahnstange bezeichnet werden. Die Zahnlücken werden aus dem konischen Kopf einer mehr oder weniger normalen Breitfußschiene (Goliath) so herausgefräst, daß eine Evolventenzahnform entsteht. Der Zahngrund wurde von der Mitte aus beidseitig abgeschrägt, um Steine und allfälliges Eis besser ableiten bzw. wegdrängen zu können. Da die Zahnstangenschiene direkt auf den Schwellen befestigt werden kann, ist die Montage sehr einfach, und die Kosten sind entsprechend niedriger.
Wie die Lamellenzahnstange erlaubt das Strubsche System kleine Kurvenradien und ist gut geeignet für die Herstellung von Weichen. Beim Bau der Jungfraubahn wurde das Strubsche System zum erstenmal benutzt.

Sicherheit großgeschrieben: die Bremsen der Zahnradbahnen
Da die Zahnstangen nicht nur für das Erklimmen der Steilrampen, sondern auch für das sichere Bremsen und Beherrschen der Züge bei der Talfahrt verantwortlich sind, nun noch ein paar Worte zu den Bremsen, die durch Vorschriften genau definiert sind. Grundsätzlich sind in der Schweiz verschiedene Bremssysteme vorgeschrieben.
Die Fahr- oder Betriebsbremse ermöglicht eine kontinuierliche Talfahrt der Züge mit der vorgeschriebenen Geschwindigkeit und bei jeder zulässigen Belastung. Je nach Fahrzeugart kann es sich um Rekuperations- (Energierückspeisung ins Netz) bzw. Widerstandsbremsung (Energieumwandlung in Wärme) bei elektrischem Betrieb oder um Motor- bzw. Strömungsbremsung beim Betrieb mit Verbrennungsmotoren handeln.
Die Haltebremse muß das maximal zulässige Zug- bzw. Fahrzeuggewicht im steilsten Neigungsabschnitt sicher festhalten können. In der Regel handelt es sich um eine mechanische Band-, Trommel- oder Scheibenbremse.
Eine sogenannte Rücklaufsperre oder Klinkenbremse verhindert das ungewollte Rückwärtsrollen des Zuges oder des Triebfahrzeugs bei der Bergfahrt.
Schließlich sorgt eine Sicherheitsbremse dafür, daß das Fahrzeug beim Versagen der Betriebsbremse oder beim Überschreiten einer maximal zulässigen Geschwindigkeit automatisch und ruckfrei zum Stillstand gebracht wird.
Weitere ausgeklügelte Sicherheitsmaßnahmen garantieren, daß die Fahrgäste in aller Ruhe die vielfältigen Naturschönheiten bewundern können!
Die Entwicklung der Zahnradbahnen ist wohl abgeschlossen. Aus Kostengründen wird kaum noch ein Berg mit einer Zahnradbahn erschlossen werden. Immerhin werden mittel- und langfristig Streckenabschnitte oder Fahrzeuge saniert und er-

neuert werden müssen. Dabei wird es möglich sein, bewährte Systeme sinnvoll mit neuen technischen Erkenntnissen zu kombinieren.

Das Zeitalter der Seilbahnen

Praktisch gleichzeitig mit der Erfindung der Zahnradbahnen kamen die alten Pioniere auf die Idee, Fahrzeuge irgendwie mittels Drahtseilen auf die Berge hinauf zu ziehen.

Im Bergbau wurden Drahtseile schon recht früh für Förderzwecke verwendet. Es ist bekannt, daß ein gewisser W. A. J. Albert in Clausthal/Oberharz im Jahre 1834 ein erstes Litzenseil aus Stahldrähten herstellte. Da sich Litzenseile dank ihrer Flexibilität gut auf Trommeln aufwickeln und über Rillenscheiben führen lassen, wurde folgerichtig zuerst ein Bahnsystem als Kombination zwischen Schiene und Seil entwickelt.

Stürmische Entwicklung der Standseilbahn

Bei den Zahnradbahnen sind die maximal zulässigen Neigungen bekanntlich begrenzt. Als es galt, große Höhendifferenzen auf relativ kurzen Strecken zu überwinden, mußte die Entwicklung zwangsläufig zu den Standseilbahnen führen. Wie der Name sagt, werden auf Gleisen stehende Wagen mittels Seilen an schiefen Ebenen auf- und abwärts bewegt.

Die Entwicklung der Standseilbahn verlief stürmisch und äußerst phantasiereich. Zuerst wurden zwei Wagen, die an einem in der Bergstation über die Umlenkscheibe geführten Seil befestigt waren, im Pendelbetrieb nebeneinander auf und ab bewegt. Als Antrieb diente einseitiger Wasserballast, für den in jedem Wagen ein Tank vorhanden war. Trotz sinnreicher Füll- und Entleerungsvorrichtungen in den Stationen war der Betrieb umständlich. Mit einfachen Handbremseinrichtungen auf den Wagen regulierten die Konduktoure die Fahrgeschwindigkeit. Da nicht direkt an den Laufschienen gebremst werden konnte, mußte ein wichtiges Element der Zahnradbahn, nämlich Zahnstange und Zahnrad, herangezogen werden. In jeder Gleisachse wurde eine Zahnstange eingebaut. Das mit der Regulierbremse des Wagens verbundene Zahnrad griff in die Zahnstange ein, und der Bremskraftschluß zwischen Gleis und Wagen war hergestellt.

Innerhalb weniger Jahre wurden die Anordnungen so vereinfacht, daß – über mehrere logische Zwischenstufen – zuerst die Doppelgleise und dann die Zahnstangen verschwanden. Eingleisige Anlagen mit Ausweichstellen in der Mitte, zuerst noch mit und schließlich ohne Bremszahnstange, entstanden.

Dank der genannten Vereinfachungen konnten die Erstellungskosten gesenkt werden. Zu guter Letzt wurden die Ballastantriebe durch Elektroantriebe ersetzt.

Die erste eingleisige Anlage mit Ausweichstelle, jedoch noch mit Zahnstangenbremse und Ballastantrieb, war die im Jahre 1879 gebaute Gießbachbahn am Brienzersee.

Im Jahre 1888 entstand die Bürgenstockbahn als erste eingleisige Anlage mit Zahnstangenbremse und Elektroantrieb. Ein entscheidender Durchbruch gelang 1893, als die erste eingleisige Standseilbahn mit Ausweichstelle, ohne Zahnstangenbremse und mit Elektroantrieb ihren Betrieb aufnehmen konnte.

Franz Josef Bucher: Standseilbahnpionier am Stanserhorn

Franz Josef Bucher-Durrer (1834–1906) von Kerns im Kanton Obwalden hatte sich in den Kopf gesetzt, das Stanserhorn mit einer Bahn zu erschließen. Bucher, der aus sehr einfachen Verhältnissen stammte, entwickelte sich zu einem weltbekannten Industrie-, Hotel- und Bahnpionier. Mit seinem Namen verknüpft sind beispielsweise die Bürgenstockhotels, das Hotel Palace in Luzern, die Hotels Minerva und Quirinal in Rom, das Hotel Euler in Basel, die Drahtseilbahnen Stadt–Bahnhof und San Salvatore in Lugano, die Bürgenstockbahn mit dem Hammetschwandlift und viele andere ähnliche Objekte.

Vorhergehende Doppelseite: Die im Jahre 1879 erbaute Gießbachbahn am Brienzersee als erste Standseilbahnanlage mit Ausweichstelle in der Streckenmitte.

Oben: Der Obwaldner Industrie- und Bahnpionier Franz Josef Bucher-Durrer (sitzend) zusammen mit Advokat Melchior Lussi beim Rekognoszieren auf dem Stanserhorn.

Bei der Planung der Stanserhornbahn ärgerte sich Bucher über die hohen Kosten wegen der durchgehend notwendigen Bremszahnstange. Er war überzeugt, das Problem einfacher und billiger lösen zu können. Seiner Meinung nach mußte die Not- oder Sicherheitsbremse mit einer schraubstockähnlichen Zangenvorrichtung, die sich direkt auf den konisch ausgebildeten Laufschienenkopf schraubt, ebenso sicher funktionieren wie die althergebrachte Zahnradbremse; im Kopf Buchers reifte damit das heute noch gültige Prinzip für eingleisige, elektrisch betriebene, zahnstangenlose und mit Sicherheitszangenbremsen ausgerüstete Standseilbahnen heran.

Im Juni 1890 wurde das Konzessionsgesuch an das Eidgenössische Eisenbahndepartement eingereicht, und im Oktober desselben Jahres traf die Bewilligung für den Bahnbau in Stans ein.

Oben: Die Buchersche Schienenzangenbremse in Aktion.

Aus technischen Gründen wurde die ganze Bahnstrecke in drei Sektionen unterteilt. Die neue Zangenbremse wurde vorerst nur für die unterste, flachste Sektion (maximale Neigung 270 ‰) bewilligt. Für die beiden oberen Sektionen waren Zahnstangenbremsen vorgeschrieben. Wie aus alten Dokumenten hervorgeht, kümmerte sich Bucher indes nie groß um Vorschriften: Er dachte keinen Moment daran, am Stanserhorn Zahnstangen zu verwenden! Seine Überrumpelungstaktik, verbunden mit Überzeugungskraft und Durchhaltewillen, vermochte schließlich die kritischen Abnahmeexperten von der Zuverlässigkeit der neuen Bremsen zu überzeugen.

Am 4. und 5. November 1892 wurden die ersten amtlichen Bremsproben durchgeführt. Franz Josef Bucher stellte sich allein auf den mit Sandsäcken beladenen Wagen, während sich die mißtrauischen Kontrollbeamten in einiger Entfernung an einem sicheren Standort postierten...

Auf einen Wink Buchers wurde das Seil gelöst. Bereits nach drei Metern Fahrt kam der Wagen sicher zum Stillstand – der Zuverlässigkeitsbeweis der neuen Sicherheitsbremse war erbracht! Nach weiteren umfassenden Proben erfolgte am 17. August 1893 die feierliche Eröffnung der Stanserhornbahn.

Die ersten Zangenbremsen wiesen natürlich noch Mängel auf. Bei der Stanserhornbahn machte sich bei Versuchsfahrten vor allem der Beschleunigungseffekt unangenehm bemerkbar. Nach der Trennung des Seils erhöhte sich die Wagengeschwindigkeit noch relativ stark, bis die Bremse zugeschraubt war, d.h., die Schließ- bzw. Ansprechzeit der Bremse war zu groß. Schon bald wurden die sogenannten Schnellschlußbremsen entwickelt, auf denen das Schließen der Bremszangen durch eine vorgespannte Feder (Federspeicher) innerhalb kürzester Zeit (0,1 Sekunden und weniger) erfolgte.

Man hat die Standseilbahneinrichtungen bis heute laufend vervollkommnet. Insbesondere wurde durch sinnvolle Konstruktionen der Seiltriebe in den Antriebsstationen (Umschlingung und Radeinlagen) die Seiladhäsion derart verbessert, daß die wichtigsten Bremsmanöver durch den Antrieb selbst übernommen werden können. Eine sogenannte Betriebsbremse, die von Hand betätigt oder unter bestimmten Voraussetzungen (z. B. Geschwindigkeitsüberschreitung) automatisch ausgelöst wird, wirkt auf die Vorgelegewelle oder direkt auf das Seiltriebrad. Beim Versagen der Betriebsbremse wirkt eine zusätzliche Sicherheitsbremse – mit nochmaliger Geschwindigkeitsüberwachung – in jedem Fall direkt auf das Seiltriebrad. Die vorher erwähnte Zangenbremse tritt schließlich bei einem allfälligen Seilbruch automatisch in Aktion.

Man sieht: Standseilbahnen sind ein sehr sicheres, bequemes und rationelles Transportmittel! Da sie aber ein durchgehendes Trassee benötigen, was einen großen baulichen Aufwand erfordert, werden Neuanlagen nur noch in ausgesprochenen Sonderfällen geplant und gebaut. Dagegen können – wie bei den Zahnradbahnen – mittel- und langfristige Sanierungen und Erneuerungen bestehender Anlagen zu interessanten Verbindungen zwischen Nostalgie und moderner Technik führen.

Der Siegeszug der Luftseilbahnen
Bei den Standseilbahnen waren am Anfang unseres Jahrhunderts die technischen Probleme weitgehend gelöst. Es lag also auf der Hand, die gewonnenen Erkenntnisse sinnvoll zu erweitern und anstelle der gemauerten Fahrbahnen Tragseile aufzuhängen, um damit unwegsame Gebiete und Schluchten «fliegend» zu überbrücken.

Nach dem verfrühten Versuch am Pilatus durch Ingenieur Torres wollte man es am Wetterhorn bei Grindelwald genau wissen und schritt zur Tat.

Schrittmacher der Pendelbahn

Die Anregung, am Wetterhorn einen Seilaufzug zu bauen, stammt von einem Regierungsbaumeister in Köln namens Feldmann. Nachdem sich Feldmann im Jahre 1902 das Schweizer Patent für seine Seilschwebebahn erworben hatte, gelang es ihm, eine Berner Spezialfirma (von Roll) sowie die Jungfraubahn Gesellschaft und die Gemeinde Grindelwald als Interessenten zu gewinnen. Nach der Erteilung der Baukonzession durch das Eidgenössische Eisenbahndepartement im Jahre 1904 wurde unverzüglich zur Planung und Ausführung geschritten, und am 27. Juli 1908 konnte das 560 Meter lange und 420 Meter Höhendifferenz überwindende kühne Werk eröffnet werden.

Obschon noch keine amtlichen Vorschriften bestanden, wies die Anlage bereits die wichtigsten Eigenschaften einer modernen Pendelbahn auf. Vereinfacht ausgedrückt, könnte man fast von einer «aufgehängten Standseilbahn» sprechen. An die Stelle der Laufschienen traten pro Fahrbahn zwei Tragseile, die allerdings – als Kuriosum – nicht nebeneinander, sondern übereinander angeordnet waren. Aus Sicherheitsgründen wurden pro Fahrzeug zwei Zugseile verwendet. Die mehrheitlich aus Holz gefertigten und je 16 Personen fassenden Kabinen hingen an Laufwerken, welche die vom Standseilbahnbau her bekannten Sicherheitszangenbremsen enthielten. Für Notfälle gab es in der Bergstation separate Bergungskabinen, die mittels einer Hilfswinde den sicheren Zugang zu den auf der Strecke hängenden Kabinen zu gewährleisten hatten.

Leider fand das kühne Wetterhornunternehmen infolge der ungünstigen Wirtschaftslage zu Beginn des Ersten Weltkriegs ein jähes Ende. Im Jahre 1934 schließlich mußte der Wetterhornaufzug abgebrochen werden.

Links: Ein Wagen der obersten Sektion der Stanserhornbahn auf der Talfahrt. Im Hintergrund das alte Hotel.

Oben und nächste Seite: Die imposanten Fahrzeuge des Wetterhornaufzugs auf der Fahrt und in der Bergstation.

Gerschnialp–Trübsee: erste Pendel-Luftseilbahn
Nach dem Wetterhornexperiment ist eine Beobachtungs- und Erfahrungspause im Luftseilbahnbau festzustellen.
Man schrieb das Jahr 1927, als in Engelberg zum Bau der ersten klassischen Pendel-Luftseilbahn Gerschnialp–Trübsee geschritten wurde. Nach den inzwischen erstellten, äußerst strengen Vorschriften bestand die Anlage aus zwei Fahrbahnen mit je zwei Trag-, zwei Zug- und zwei Gegenzugseilen. Die Gegenzugseile hatten die Aufgabe, stabilisierend zu wirken und durch ihre Verbindung über die Laufwerke mit den Zugseilen einen geschlossenen Seilkreis zu bilden. Besonders hohe Anforderungen wurden an die Fangbremseinrichtungen auf den Laufwerken gestellt.
Am 23. Dezember 1927 nahm die erste moderne Pendelbahn der Schweiz den fahrplanmäßigen

Vorhergehende Seite und oben: Die erste Pendel-Luftseilbahn von Gerschnialp (Engelberg) nach Trübsee.

Rechts: Versuchsfahrten mit geschlossenen Zweiersesseln von Trübsee (Engelberg) zum Jochpaß.

Betrieb auf. Bei einer Fahrbahnlänge von 2227 Metern wurde eine Höhendifferenz von 526 Metern überwunden. Die beiden Kabinen faßten je 16 Personen. Im Jahre 1938 erfolgte der erste Umbau, und 1959 wurde eine neue Parallelbahn gebaut.

Die Pendelbahnen wurden wie die Standseilbahnen laufend verbessert. Nach und nach setzte sich die heute übliche Bauweise mit zwei Tragseilen sowie einem Zug- und einem Gegenzugseil pro Fahrbahn durch.

Antriebs-, Brems- und Sicherheitseinrichtungen sind prinzipiell ähnlich aufgebaut wie bei den Standseilbahnen. An die Stelle des Gleiskörpers bei den Standseilbahnen treten bei den Pendelbahnen die Stützen und die Tragseile. In den Stationen sind zusätzlich die Spannvorrichtungen für die Trag- und Zugseile vorhanden. Außerdem sind geeignete Ersatz- oder Notantriebe und Bergungseinrichtungen notwendig.

Im Laufe der letzten Jahre nahmen sowohl Kabinengröße wie auch Fahrgeschwindigkeit laufend zu, womit die Förderleistungen ständig erhöht wurden. Anlagen mit Kabinen für 100 bis 150 Personen und Geschwindigkeiten von 10 Metern in der Sekunde (36 Kilometer in der Stunde) sind heute keine Seltenheit. Man ist immer wieder beeindruckt, wenn man die eleganten Großraumkabinen geräuschlos und majestätisch dahinschweben sieht!

Die Pendelbahnen werden ihre große Bedeutung auch in naher und ferner Zukunft beibehalten.

Nächste Doppelseite: Der erste Sessellift Trübsee–Jochpaß.

Umlaufbahnen

Nach der Einführung der Skilifte Mitte der dreißiger Jahre befaßte man sich in den USA mit dem Gedanken, an ein endlos umlaufendes Seil Sessel anzuhängen und die Passagiere frei schwebend zu befördern. Dieses Prinzip wurde in der Schweiz lange als nicht sicher genug erachtet. Im Jahre 1944 erteilte die Aufsichtsbehörde die provisorische Betriebsbewilligung für den ersten Sessellift in der Schweiz vom Trübsee bei Engelberg auf den Jochpaß. An das mit fixer Geschwindigkeit umlaufende Seil wurden Sessel oder kleine Kabinen fest angeklemmt. Die Fahrgäste mußten also während der Fahrt auf- und absteigen.

Mit der Inbetriebnahme der ersten Einseilumlaufbahn für vierplätzige Gondeln im Wallis, und zwar von Cry-d'Er nach Bellalui bei Crans, begann 1951 eine bedeutende Epoche.

Da es nicht jedermanns Sache ist, während der Fahrt auf- und abzusteigen, wurden automatische Seilklemmen entwickelt. In den Stationen werden die Fahrzeuge von festen Schienen auf das laufende Seil gebracht und umgekehrt. Die erste Sesselbahn mit kuppelbaren Klemmen wurde 1945 von Flims über Foppa nach Naraus in Betrieb genommen.

Der nächste Entwicklungsschritt war auch wieder sehr logisch: Es war naheliegend, anstelle von offenen Sesseln kleine geschlossene Kabinen zu verwenden.

Aus Sicherheitsgründen wählte man zuerst das Zweiseilsystem. Ähnlich wie bei den Pendelbahnen wurden zwei einfache Tragseilfahrbahnen erstellt. Mit dem kontinuierlich umlaufenden Zugseil wurden die zahlreichen vierplätzigen Kabinen über die Strecke befördert. Der Klemmvorgang in den Stationen wurde automatisiert und mit den notwendigen Überwachungseinrichtungen versehen.

Die erste Zweiseilumlaufbahn mit vierplätzigen Kabinen (Crans–Cry-d'Er) nahm 1950 ihren Betrieb auf. Zur Anwendung kam das System des österreichischen Ingenieurs Dr. G. Wallmannsberger (Lizenzfabrikation durch Bell, Kriens). Das Zweiseilumlaufsystem konnte sich aus Kostengründen jedoch nicht durchsetzen; im Jahre 1966 wurde in der Schweiz die letzte von insgesamt sieben Zweiseilumlaufbahnen nach dem Wallmannsberger-Prinzip gebaut. Obschon sich das System technisch bewährt hat, haben die Einseilbahnen – abgeleitet von der Sesselbahn mit kuppelbaren Klemmen – das Rennen gemacht.

Nach dem Bau der ersten kuppelbaren Einseilumlaufbahn mit vierplätzigen Kabinen in Crans von Cry-d'Er nach Bellalui im Jahre 1951 hat dieses System eine beispiellose Entwicklung durchlaufen. Die namhaftesten Seilbahnhersteller der Schweiz überboten sich laufend mit technischen Neuerungen. In den Stationen werden die Kabinen vollautomatisch beschleunigt, aufs Förderseil geklemmt, befördert, dann wieder vom Seil getrennt, verzögert und erneut in Umlauf gesetzt. Sogar die Türen werden automatisch geschlossen und geöffnet. Daß die Kabinenabstände und die Klemmenzustände automatisch überprüft werden, ist selbstverständlich. Neuerdings sind sogar sechsplätzige Kabinen zulässig.

Die Zukunft gehört eindeutig den Einseilumlaufbahnen. Es handelt sich um ein sicheres und bequemes Massentransportmittel mit sehr hoher Förderleistung, das für Wintersportzentren geradezu prädestiniert ist.

Zubringerbahnen

Viele unserer touristischen Bergbahnen liegen abseits der Hauptverkehrsadern und sind deshalb mehr oder weniger auf öffentliche Verkehrsmittel als Zubringer angewiesen. Ohne Übertreibung darf man feststellen, daß unser Land eines der dichtesten und bestausgebauten Schienennetze aufweist. Dabei spielen die Gebirgs- oder Alpenbahnen bei der Erschließung unserer Alpentäler und Touristikzentren eine entscheidende Rolle. Mit Ausnahme der Gotthard- und Brünigstrecke, die zum SBB-Netz gehören, handelt es sich bei unseren Gebirgsbahnen ausschließlich um Privatunternehmen.

Wenn immer möglich wurden die Steigungen mit Hilfe imposanter Rampen und Kehrtunnels im Adhäsionsbetrieb bezwungen. Als Beispiele dieser Bauart seien die Berner Alpenbahngesellschaft, die Montreux–Berner-Oberland-Bahn sowie die Rhätische Bahn genannt. In speziellen Fällen war es unumgänglich, die Zahnstange zu Hilfe zu nehmen. Es entstanden Bahnen mit gemischtem

Betrieb, d.h., Adhäsions- und Zahnstangenstrecken wurden kombiniert. Die bekanntesten Vertreter der gemischten Betriebsart sind die Berner-Oberland-Bahnen, die Brig–Visp–Zermatt-Bahn, die Furka–Oberalp-Bahn und die Luzern–Stans–Engelberg-Bahn.

Bei allen genannten Gebirgsbahnen handelt es sich um Transportunternehmen des öffentlichen Verkehrs. Wie der Name sagt, erfüllen diese Bahnen öffentliche – aber auch touristische – Aufgaben. Als Folge des Erschließungsprinzips arbeiten die meisten Unternehmen defizitär und müssen durch die öffentliche Hand gestützt werden. Die Aufrechterhaltung defizitärer Erschließungsbahnen wird aber gerade im Zeitalter der allgemeinen Energieverknappung immer bedeutsvoller. Die öffentlichen Verkehrsmittel unseres Landes wären jederzeit in der Lage, den Individualverkehr sinnvoll zu ergänzen und teilweise sogar zu ersetzen.

Tragsessel vor 100 Jahren – Großraumkabinen heute ... Die Schweizer Ski-Nationalmannschaft im Olympia-Training 1976 hat ganz offensichtlich den Plausch an der modernen Seilbahntechnik.

Gebirgsbahnen

Die Eisenbahn war kaum erfunden, die «Spanisch-Brötli-Bahn» am 7. August 1847 von Zürich nach Baden unter dem Jubel der Bevölkerung soeben eingeweiht worden, als sich zum erstenmal der Gedanke regte, den Norden mit dem Süden Europas auf direktestem Wege durch eine Bahn, die den Alpenwall durchstößt, zu verbinden. Das Resultat ist bekannt: Es heißt «Gotthardbahn».
Diese ist noch heute das Prunkstück der SBB; aber der erwähnte erste Gedanke galt einer andern Linie, einer Bahn, die nie gebaut wurde. Der Churer Ingenieur Richard La Nicca dürfte der erste Techniker gewesen sein, der den Bau einer Alpenlinie aufgrund umfassender Studien vorschlug. Die Bündner waren bezeichnenderweise in vorderster Linie; denn für sie stand ein reger Warenaustausch über die Alpenpässe Julier und Septimer, Splügen und Bernhardin auf dem Spiel, der einem großen Teil der Einwohner Arbeit und Verdienst brachte. La Niccas Studien galten daher einer Nord-Süd-Verbindung durch die Bündner Alpen.

Erst 1852 erhielt das Ostalpenprojekt Konkurrenz. Am 7. August 1853 fand in Luzern die erste Gotthardkonferenz statt. Im Kräftespiel der nationalen und internationalen Verkehrspolitik schwang dieses Projekt schließlich obenauf. Der Entscheid fiel Anfang der siebziger Jahre. 1882 wurde die Gotthardbahn eröffnet. Damit ging die Blütezeit des alten Paßlandes Graubünden zu Ende.
Unter den Gebirgsbahnen der Schweiz nimmt der Bündner Ersatz dennoch eine herausragende Stellung ein: Die Rhätische Bahn stand bald prominent neben den beiden andern großen Gebirgsbahnen, Gotthard und Lötschberg, schmalspurig zwar, aber mit einem Sinn für Anpassung an die Bergwelt erstellt, der einmalig ist in der Geschichte der Schweizer Eisenbahnen und noch heute – oder heute erst recht – bewundert wird.
Die Bilder einiger Gebirgsbahnen, die wir zeigen, vermitteln, trotz teilweise modernster Ausrüstung, Spuren eines Geistes, dem es noch gelang, Technik und Natur harmonisch zu vereinen.

Gotthardbahn. Zugskomposition auf der Gotthardlinie über einer alten, gemauerten Brücke (oben), und über der erneuerten Brücke bei Amsteg (links). Im Hintergrund die Große Windgälle. Zwischen Windgälle und Gotthardbahn blickt auf dem doppelseitigen Bild der nachfolgenden Seiten die Konkurrenz kühl Richtung Göschenen: zwei Tunnelröhren der Nationalstraße N2. Auch wenn die Verkehrsabwanderung von der Schiene auf die Autobahn nicht verhindert werden kann, so wird die 98 Jahre alte Bahn auf lange Sicht dennoch und wiederum ein stetig zunehmendes Verkehrsvolumen zu bewältigen haben. Vorerst kann ihre Kapazität durch den Ausbau der Bahnhöfe, durch Vermehrung der Blockabschnitte und höhere Fahrgeschwindigkeiten noch gesteigert werden. In ferner Zukunft werden jedoch der Bau eines Basistunnels zwischen Amsteg und Biasca und die Verdoppelung der Zufahrtslinien notwendig werden. Fest steht, daß die Gotthardbahn die schnellste Nord-Süd-Bodenverbindung bleiben wird.

Lötschbergbahn. Gemächlich, von gemauerten Viadukten durchsetzt, zieht die Lötschberglinie vor Brig dem Rhonetal entgegen (links). Seit 67 Jahren ist diese zweite Bahn quer durch unsere Alpen in Betrieb. Sie ermöglichte den Anschluß der Region Bern an die 1905 eröffnete Simplonlinie. In einem Akt der Solidarität hatte der Kanton Bern 1870 das Gotthardprojekt mitunterstützt und auf eigene Pläne verzichtet. Die Simplonlinie gab dann aber den Anstoß, nun auch das Berner Alpenbahnprojekt, die Lötschbergbahn, voranzutreiben. Weil die Bundesbahnen eine finanzielle Beteiligung ablehnten, mußten die Berner genauso wie die Bündner ihre Gebirgsbahn privat finanzieren. Bis zur Eröffnung im September 1913 erreichten die Baukosten 138 Millionen Franken. Der Tunnel (mit 14,612 Kilometern nur 397 Meter kürzer als der Gotthard-durchstich) und die Viadukte wurden bereits damals für eine zweite Spur konzipiert. Diese ist heute auf über der Hälfte der 84 Kilometer langen Strecke Thun–Brig verwirklicht. Der Ausbau der restlichen Streckenteile auf Doppelspur wird über 600 Millionen Franken verschlingen.

Rhätische Bahn. Sie bedient die wichtigsten Talschaften Graubündens: das Engadin, das Puschlav, das Prättigau, die Landschaft Davos, Arosa und das Bündner Oberland. In Chur und Landquart verbindet sie Graubünden mit dem Netz der SBB, in Disentis/Mustér mit der Furka–Oberalp-Bahn und in Tirano mit den italienischen Staatsbahnen. 391 Kilometer lang ist dieses Bündner Gebirgsbahnnetz mit der Spurbreite von nur einem Meter. Die 118 Tunnels und Galerien sind 39 Kilometer, die 498 Brücken zusammen zwölf Kilometer lang. Eine ganze Reihe der alten Steinbrücken ist durch Betonbauten ersetzt worden (oben), andere, so zum Beispiel der kühne Landwasserviadukt (nachfolgende Seite), zeugen noch heute für den Kunstsinn der Ingenieure der Jahrhundertwende.

Aigle–Ollon–Monthey–Champéry. Diese hübsche kleine Gebirgsbahn, deren Triebwagen allein oder mit angehängtem Personenwagen durchs Rhonetal (unten) surrt und dann ins Val d'Illiez (oben) hineinbiegt, ist eine von drei Linien, die von Aigle aus in die Berge steigen. Leysin und Les Diablerets sind die beiden andern Endstationen. Bis 1946 wurde die Linie nach Champéry von zwei Gesellschaften mit je einem Direktor betrieben. Die erste besaß die Strecke von Aigle bis Monthey, ein flaches Stück Eisenbahn im unteren Rhonetal. Erst die zweite Wegstrecke von Monthey bis Champéry macht die Linie zur Gebirgsbahn, die noch immer in privatem Besitz ist. Von den insgesamt 23,1 Kilometern Gleisen sind 3,6 Kilometer mit Zahnstangen ausgerüstet. Im Jahre 1906 wurde das Teilstück bis Ollon mit der von der MOB geliehenen Dampflok «Zweisimmen» eröffnet. Schon im September 1907 konnten die ersten Gäste (mit Umsteigen in Monthey) nach Champéry (1053 m ü. M.) fahren.

Luzern–Stans–Engelberg-Bahn. Mit Luzern ist diese private Innerschweizer Bergbahn (vorangehende Doppelseite) erst seit 1964 verbunden. Schon 100 Jahre zuvor war Engelberg jedoch fahrbar zu erreichen – in einer Pferdepostkutsche mit Futterplatz Stansstad. Hier beginnt denn auch die eigentliche Bergstrecke der modern ausgerüsteten Gebirgsbahn, die nach vielen Verzögerungen Ende 1898 eröffnet wurde und von 434 Meter Seehöhe auf 1000 m ü. M. hinaufführt.

Martigny–Châtelard. Feuerwehrrot überquert eine moderne Zugskomposition der «MC» den Viadukt, der sich über die Gorge du Triège schwingt (oben). Nach kurzer Rhonetalfahrt biegt die Bahn bei Vernayaz ins herrliche Val du Trient ein, wo die Bergstrecke (mit Zahnstangen) beginnt. Die Linie wurde im August 1906 eröffnet. Technisch besitzt sie etwas Einmaliges für die Schweiz: Ab Vernayaz bezieht sie den Fahrstrom über eine dritte Schiene, die als elektrische Leitung dient.

Blonay–Chamby. Bereits das Bild auf der vorangehenden Seite kündigt die Sensation an: Das Gebirgsbähnchen Blonay–Chamby, das hoch über Vevey beginnt, fährt mit Dampf. Möglich wurde diese Nostalgielinie, weil sie 1968 aufgehoben wurde. Eine Gruppe Eisenbahnfans aus der französischen Schweiz erhielt die Erlaubnis, auf den stillgelegten Schienen zum eigenen Plausch und zur Freude anderer einen Freizeitfahrplan aufrechtzuerhalten. Vom April bis in den Oktober hinein ziehen seit zwölf Jahren keuchende, wunderschöne Dampflokomotiven pittoreske Waggons nach Chamby hinauf, oder sie bremsen die Wochenendausflügler betriebssicher hinunter nach Blonay. Betrieben wird das Bähnchen – ein exklusiver Eisenbahnspaß – an Samstagen und Sonntagen. Der Museumsbetrieb wird unter anderen von veritablen Eisenbähnlern und sogar Stationsvorständen gemanagt und stellt einen Riesenerfolg dar. Eisenbahn- und Bergbahnfahren wird hier um eine Dimension reicher.

Montreux–Berner-Oberland-Bahn. Sie ist ein Glied der großen Voralpentransversale Montreux–Interlaken–Luzern. Die blauweißen Gelenktriebwagen signalisieren, daß die MOB eine Privatbahn ist. Die Strecke Montreux–Zweisimmen (63 Kilometer) wurde zwischen 1901 und 1905 in verschiedenen Etappen in Betrieb genommen. Im Jahre 1912 folgte noch die 13 Kilometer lange Anschlußlinie Zweisimmen–Lenk. Die MOB war die erste elektrisch betriebene Überlandbahn mit Bergbahncharakter. Wie bei den meisten Bahnen unseres Landes folgten auf Jahre der Blüte Perioden der Krise. Der touristische Erfolg der Bahn war nicht zuletzt den Engländern zu verdanken, die über Montreux ins geliebte Berner Oberland fuhren. Ab 1931 verkehrten täglich internationale Schlafwagen auf der MOB-Strecke, aber die hereinbrechende Weltwirtschaftskrise erzwang bereits 1933 den Rückzug dieses Dienstes. Bild oben und nachfolgende Doppelseite: Moderne MOB-Zugskomposition über dem Genfersee.

Brig–Visp–Zermatt-Bahn. Sie führte ursprünglich von Visp (650 m ü. M.) durch sieben Tunnels und über 38 Brücken nach Zermatt (1605 m ü. M.). Die Verbindungsstrecke Visp–Brig wurde erst 1930 erstellt. So alt wie der Ruf Zermatts und des Matterhorns als schönste Schweizer Alpenattraktion ist diese Zubringerbergbahn, fast so alt jedenfalls: 1890/91 eröffnet, versorgt sie die Zermatter Touristenszene mit Gästen und Versorgungsmaterial aller Art (oben). Noch heute muß der motorisierte Besucher seinen Wagen in Täsch abstellen und die letzte Wegstrecke in der florierenden Bergbahn zurücklegen. Das Bild links zeigt die Zermatter Bahn auf dem Rückweg bei Neubrück in der Nähe Staldens. Ursprünglich wurde sie nur im Sommer betrieben. Die Zahl der Sommergäste stieg von 34 400 im Jahre 1899 auf 345 888 im Jahr 1978. Im Winter 1966 wurde die erste, 1979 die zweite Wintersaison-Million erreicht.

Furka–Oberalp-Bahn. Wie keine andere Gebirgsbahn ist sie seit ein paar Jahren ins Gerede gekommen: die 100 Kilometer lange, zwischen 1915 und 1917 eröffnete, tunnel- und brückenreiche Privatlinie, die Brig mit Andermatt verbindet. Das Bild (nachfolgende Doppelseite) zeigt einen Triebwagen der FO bei Gletsch. Im Hintergrund Gallenstock und Rhonegletscher. 35 Kilometer Gleise sind mit Zahnstangen ausgerüstet. Dies soll sich bald ändern, denn der Furka-Basistunnel, der ab 1982 Oberwald im Oberwallis wintersicher mit Realp im Urnerland verbinden soll, wird viele Kriechstrecken «unterfahren». So unbestritten dieser 15,4 Kilometer lange Tunnel anfangs war: er hat zuviel Geld verschlungen und wird als Skandalloch in die Geschichte der Schweizer Bergbahnen eingehen.

Centovalli-Bahn. Sie ist zwar modern ausgerüstet, aber das Centovalli mit seiner sprichwörtlichen südlichen Schönheit macht die Bummelreise in diesem Tessiner Bergbähnchen zu einem romantischen Erlebnis. Diese Eigenart des nach Italien führenden Tals ließ den Bahnbau schwierig werden. Die gesamte Anlage mußte denn auch 1959 erneuert werden (Bild: Brücke von Intragna). Die Linie führt auf Schweizer Seite an so malerischen Flecken wie Corcapolo, Verdasio, Rasa, Camedo vorbei.

Der schweizerische Teil des Centovalli senkt sich auf nur neun Kilometern von 550 auf 250 Meter. Das Bähnchen «leidet» zwar unter dem wilden Wesen der steil abfallenden oder aufsteigenden Landschaft, aber der Fahrgast genießt das Erlebnis: Straße und Bahnlinie ziehen kaum je einmal auf 100 Metern geradeaus. Weshalb dieses südliche Tal so wild ist? Die Granitschichten liegen nicht brav übereinander wie anderswo, sondern sind steil, bisweilen senkrecht, aufgestellt.

Nordostschweiz

Die Nordostschweizer Bergwelt wird von einem kleinen Riesen dominiert, klein, gemessen an den ganz Großen der Alpenkette. Auch die Bergbahnen der Nordostschweiz haben einen Leader, einen übermächtigen sogar: die Luftseilbahn auf den «kleinen Riesen».

Das Säntismassiv – der Alpstein (unten) – ist in verschiedener Beziehung ein bemerkenswertes und ausgezeichnetes Glied unserer Schweizer Bergwelt. «In einsamer Größe dominiert es das nordostschweizerische Mittelland, präsentiert sich als weithin auffallende Felsbastion – gleichsam als die am weitesten nach Norden vorbrandende abweisende Alpenfront –, prägt es in bedeutendem Maße das Klima des vorgelagerten hügeligen Appenzellerlandes, beherbergt es eine der reichhaltigsten Pflanzengesellschaften der Alpen und zeichnet es schließlich weitgehend verantwortlich für den eigenartigen Charakter des Völkleins zu seinen Füßen mit der urwüchsigen Kultur», schreibt der Geologe Hans Heierlein.

Die Appenzeller, geprägt zwar vom Alpstein, haben diesem aber ebenfalls einen Stempel aufgedrückt. Schon Ende der achtziger Jahre des letzten Jahrhunderts war ein Innerrhoder Komitee im Besitze einer eidgenössischen Konzession für eine Säntisbahn – viel zu früh zwar, aber sie wurde geschaffen und war von allem Anfang an die gefragteste sämtlicher Bergbahnen im Bannkreis des Nordostens. Ihre Stellung ist trotz wachsender Konkurrenz bis heute nicht geschmälert worden. Immerhin, der Bergwanderer und Alpenfreund sollte die andern Bahnen im weiten Umkreis des Alpsteins nicht außer acht lassen: Die Toggenburger haben den Chäserrugg erschlossen, und sie sind nicht die einzigen Konkurrenten.

Schwägalp. Sie war eine der ersten ganz großen Gipfelbahnen und ist noch heute eine der attraktivsten im Bereich der Alpen: die Luftseilbahn Schwägalp–Säntis, kurz Säntisbahn genannt (oben). Die beiden 7,5 Tonnen schweren roten Kabinen fassen heute je 100 + 1 Person, 66 Personen mehr als die 1935 eröffnete erste Anlage. Zehn Minuten dauert die Schwebefahrt der beiden gewaltigen Gehänge. Die doppelten Tragseile sind je 47,5 mm dick und schwingen sich von der Talstation aus über zwei Stützen 1122,5 Meter hoch hinauf zur Bergstation, die nur 21 Meter unter dem Säntisgipfel (2504 m ü. M.) liegt. Der Gast erblickt an schönen Tagen ein Panorama, dessen Prunkstück, der Alpenkranz, unvergessen bleibt. Nach einem ersten Umbau im Jahre 1960 wurde die Bahn 1974 nochmals umgerüstet. Moderne Seilbahntechnik und Nachfrage hätten weit größere Kabinen verlangt und erlaubt; aber in Anbetracht des beschränkten Platzes auf dem Gipfel beschieden sich die Appenzeller mit der Zauberzahl 100 + 1.

Brülisau. Ein verlockendes Bild (rechts)! Eine Kabine der Luftseilbahn Brülisau–Hoher Kasten auf Bergfahrt. In acht Minuten sind 857 Meter Höhenunterschied überwunden. Auf dem behäbigsten Buckel weit und breit steht ein Bergrestaurant mit 400 Plätzen. Der Blick hinunter ins Rheintal, geradeaus auf die Tiroler, die Bündner und die Glarner Alpen, wieder hinunter ins schweizerische Mittelland, auf den Bodensee und weit hinaus nach Süddeutschland ist nicht der einzige Reiz, den der Hohe Kasten, auch Rigi der Ostschweiz genannt, bietet. Der 1794 Meter hohe Gipfel ist Ausgangspunkt für die schönste Höhenwanderung des Alpsteins, hinüber zum Staubern (1750 m ü. M.) und zur Saxerlücke und schließlich zurück nach Brülisau. Die Talstation kann man mit dem Auto erreichen, und zwar über Appenzell–Steinegg oder Appenzell–Weißbad. Die Bahnzufahrt führt bis Weißbad, dann übernimmt ein Postautokurs die Fortsetzung.

Jakobsbad. Ein wahres Wanderparadies für Ausflügler und Familien erschließt die Luftseilbahn Jakobsbad–Kronberg (unten und ganz unten). Vom Gipfel (1655 m ü. M.) führen viele ungefährliche Wanderwege in alle Himmelsrichtungen. Im Winter sorgen drei Skilifte und zwei Übungslifte für abwechslungsreichen Spaß im Schnee, wo der Plausch auch für Anfänger nicht notgedrungen immer wieder ein vorläufiges Ende findet; denn von der leichten bis zur schweren Abfahrt stehen sechs Pisten zur Verfügung. Die Spezialität am Kronberg ist der Skibobsport. Die Zufahrt zur Talstation (884 m ü. M.) auf dem Straßenweg führt über Appenzell und Gonten. Jakobsbad ist auch mit der Appenzeller Bahn direkt erreichbar.

Unterwasser. Seit 1934 ist der Iltios über Unterwasser bequem mit einer Standseilbahn zu erreichen. Dieses Bergbähnchen war die erste Sportbahn im lieblichen Toggenburg und blieb während 45 Jahren die letztgebaute Standseilbahn der Schweiz. Erst im Winter 1979 hat sie eine jüngere Kollegin erhalten, und zwar in Zermatt mit der Tunnelbahn nach der Sunnegga. Die Toggenburger Veteranin befördert im Jahr zwischen 320 000 und 390 000 Personen von Unterwasser (911 m ü. M.) auf den Iltios (1339 m ü. M.), der heute vor allem Zwischenstation und Ausgangspunkt zum achtminütigen Höhenflug mit der Luftseilbahn Iltios–Chäserrugg ist. Seit 1972 erst erschließt diese mit 80er Kabinen ausgerüstete, imposante Anlage (oben) den Toggenburger Gipfel. Die Bergstation (2262 m ü. M.) liegt 923 Meter über dem Iltios und 1351 Meter über Unterwasser. Fünf Zwischenstützen tragen die fast 3,5 Kilometer langen Drahtseile; die größte Spannweite beträgt 1200 Meter. 256 210 Personen sind 1978 befördert worden, drei Viertel davon im Winter. Die winterliche Abfahrt vom Chäserrugg gehört zu den attraktivsten des Toggenburgs. Im Sommer liegt ein herrliches Wandergebiet vor den Füßen der Gipfelbesucher; Abstiegswanderungen ins Tal, Wanderungen in die Churfirsten hinein und bis an den Walensee sind möglich. Das Gipfelrestaurant auf dem Chäserrugg, das Bergrestaurant Iltios, die Berggasthäuser Stöfeli und Selamatt (über Alt St. Johann) sowie tiefer gelegene Wirtschaften laden den Wanderer und Skifahrer zum Verweilen ein. Die Zufahrt ins Obertoggenburg ist gut ausgebaut und auch im Winter rasch und mühelos zu bewältigen, wenn man die allerschönsten Winter- und Vorfrühlingswochenenden vorsichtigerweise ausklammert.

Braunwald. Die Standseilbahn Linthal–Braunwald (gegenüberliegende Seite unten) sorgt dafür, daß das Glarner Dorf Braunwald der einzige autofreie Kurort der Ostschweiz ist und bleibt. Diese Ruhe auf der Sonnenterrasse mit Blick in die Glarner Alpenwelt zieht manchen an, der weiß, wohin ihn die von Drahtseilen gemächlich bergwärts gezogene, 100plätzige rollende Kabine führt. Braunwald, an der Südflanke des Glärnisch und zu Füßen des Ortstocks gelegen, ist in zwei Stunden per Bahn von Zürich über Ziegelbrücke–Glarus erreichbar. Für Autofahrer: Bei der Talstation (665 m ü. M.) steht ein Parkhaus für 140 Wagen. Die Standseilbahn überwindet in sieben bis acht Minuten 591 Meter und führt somit auf 1256 m ü. M. hinauf.

Braunwald. Drei Sesselbahnen und ein Skilift erschließen die Braunwalder Ferienszene. Gumen, Seblengrat, Alp Gumen sind die höchstgelegenen Stationen (rund 1900 m ü. M.). Die Gondelbahn Bödeli–Grotzenbüel (links) schließt seit 1975 die Lücke zur Talstation der Sesselbahn auf den Seblengrat. 70 lösbare Kabinen für je zwei Personen schaukeln den Gast in sieben Minuten auf 1561 m ü. M. Im Sommer bietet Braunwald – außer Ruhe – 50 Kilometer Spazier- und Wanderwege an. Auch im Winter finden Nichtskifahrer immerhin noch 20 Kilometer unbeschwerliche Spazierwege. Diese Spazierwege gehen zum Teil durch Wälder, die tief verschneit sind und in denen man sich von der Hetze des Alltags herrlich erholen kann. Die Braunwalder haben – mit Erfolg übrigens – die Tauglichkeit von Rosen für Höhenlagen getestet. Das Resultat: Über 50% der geprüften Rosenarten haben sich als geeignet erwiesen und blühen Jahr für Jahr. Ruhe und Rosen also auf 1300 m ü. M.!

Bad Ragaz. Zwei Kabinen der Luftseilbahn Bad Ragaz–Pardiel (zwei Sektionen) kreuzen sich (vorhergehende Doppelseite). Im Hintergrund: das Rheintal mit dem Rheinbogen an der Grenze zum Fürstentum Liechtenstein. Die dritte Sektion der Anlage ist ein Sessellift und führt von Pardiel (1633 m ü. M.) zur Endstation Laufböden sowie in die Nähe des Wangsersees und der Pizolhütte (2227 m ü. M.), die auch von Wangs aus mit Luftseilbahn und Sessellift erreicht werden kann.

Tannenboden. Sie besteht seit 1951, wurde 1959 umgebaut und erhielt 1966 als längste Einseilumlaufbahn mit kuppelbaren Klemmen ihr heutiges Aussehen: die Gondelbahn Tannenboden–Maschgenkamm. Die Viererkabinen (oben) transportieren den Gast komfortabel über 620 Meter auf den Maschgenkamm (2010 m ü. M.). Die Gondeln – insgesamt 80 Stück – können in den Stationen im Stillstand bestiegen werden und beschleunigen dann ruckfrei auf die Seilgeschwindigkeit von 3,1 Metern in der Sekunde.

Graubünden

Es gibt Leute, die halten den größten Schweizer Kanton zugleich für den schönsten. Mit einigem Recht, denn tatsächlich fasziniert und beeindruckt das Bündnerland durch die Vielgestaltigkeit seiner Landschaft, die von sonnenüberfluteten Tälern mit beinahe südlicher Vegetation bis zu den grandiosen, von ewigem Schnee bedeckten Alpenzakken reicht.

Ganz klar, daß solche Naturschönheiten längst zu touristischen Attraktionen geworden sind und als solche ausgewertet werden, und so ist es nicht erstaunlich, daß die reizvollsten Gebiete exzellent erschlossen und den Wanderern und Wintersportlern zugänglich gemacht worden sind. In einer Gegend, die mit Dreitausendern buchstäblich «vollgestellt» ist, hatten Bergbahnen natürlich einen Hauptanteil an dieser Erschließung. Sie haben entscheidend dazu beigetragen, daß neben dem Tessin und dem Wallis das Bündnerland zu unserem dritten großen Ferienkanton werden konnte.

In keiner anderen Gegend der Schweiz – und wohl auch sonst nirgends auf der Welt – werden so viele Berge mit Maschinenkraft bezwungen. Man braucht dabei nicht einmal an die drei großen touristischen Eckpfeiler St. Moritz, Davos und Arosa zu denken – auch kleinere Orte haben durchaus gelernt, mit und von der Bahn zu leben, die auf ihren «Hausberg» führt.

Das reiche Angebot an Bergbahnen besteht noch nicht sehr lange. In den frühen fünfziger Jahren etwa hatten nur Samedan, Pontresina, St. Moritz, Malans, Davos und Arosa ihre Verbindungen zum Berg. Erst der Bauboom, die einsetzende Hochkonjunktur und der wachsende Fremdenverkehrsstrom vor allem in den sechziger Jahren bewirkten, daß die Bündner Bergwelt «erwachte». Fortan waren die Berge für jedermann zugänglich.

Es waren wohl die Skifahrer, die die schneesicheren Gebiete des Bünderlandes als erste entdeckten. Doch bald genügten die wenigen Skilifte nicht mehr, den stark aufkommenden Touristenstrom zu Berg zu bringen. War das Bündnerland in der ersten Hälfte unseres Jahrhunderts höchstens ein Geheimtip für einige wenige Eingeweihte, so errang es sich spätestens mit den Olympischen Winterspielen 1948 in St. Moritz international einen guten Ruf und touristische Weltgeltung. So wurden die Bergverbindungen intensiver; bald glitten neben den Skiliftbügeln auch Gondeln und geräumige Kabinen hoch zu den Ausgangspunkten von Abfahrten und Langlaufloipen.

Und nicht lange danach bemerkten die Gäste aus aller Welt, daß Graubünden auch im Sommer einiges zu bieten hat. Immer mehr Erholungsuchende kamen nun auch in der schneefreien Zeit. Wandern, in der Schweiz sicher der Volkssport Nummer 1, kam weiterum in Mode, und das Bündnerland bot dazu seine herrlichen, urwüchsigen Bergwälder an. Bahnen brachten die Sommergäste in Gebiete, die bisher nur wenigen Einheimischen bekannt waren. Davos zum Beispiel hat als eine von der Natur geschaffene Attraktion sein Pflanzenschutzgebiet am Pischa vorzuzeigen, wo eine enorm reiche Alpenflora den Naturfreund empfängt. Die Bergbahnen um Arosa bringen Wanderer ans Weißhorn, das durch zahlreiche Höhenwege zu einem Anziehungspunkt auch im Sommer geworden ist. Flims hat seinen herrlichen, waldumstandenen Caumasee durch gutausgebaute Wanderpisten zugänglich gemacht.

Bergbahnen, Mittel zum Zweck, die großartige Bündner Bergwelt zu entdecken, sind längst selber zu Attraktionen geworden. Wer in einer Gondel oder in einer Kabine über die mächtigen Bergwälder hinwegschwebt, spürt etwas von der gewaltigen Kraft, die von der Natur aufgebracht wurde, um diesen an Höhenzügen so reichen Grenzkanton zu schaffen.

Natürlich hat auch die Gastronomie mitgeholfen, Graubünden als Ferienparadies bekannt und beliebt zu machen. Praktisch an jeder Station von jeder Bergbahn wartet ein gutgeführtes Restaurant auf Gäste, die nach dem Erlebnis einer Bergbahnfahrt und vor einer Wanderschaft oder Skiabfahrt einheimischen Spezialitäten zusprechen wollen. Graubündens imposante Bergwelt hält tatsächlich für jeden Feriengast etwas bereit: Ruhe oder Rummel, Erholung oder Erlebnis, Wintersportplätze oder Wanderwege – kein Wunsch, der sich hier nicht erfüllen läßt!

Bergriesen wie Weißhorn und Parpaner Rothorn, Naturdenkmäler wie Diavolezza, Gotschnagrat und Bernina, Wintersportorte wie Lenzerheide, Klosters, Flims, Silvaplana und Sils haben heute klingende Namen in aller Welt. Und eine Fülle von Pisten und Pfaden, Loipen und Routen lockt rund ums Jahr Feriengäste von weit her in das Gebiet zwischen Oberalp- und Umbrailpaß, zwischen Schesaplana und Piz Palü.

Daß diese vielen Naturschönheiten des Bündnerlandes heute so vielen Menschen zugänglich geworden sind, ist zu einem guten Teil das Verdienst der Bergbahnen.

Arosa. Seit 1957 ist die Luftseilbahn Arosa–Weißhorn rund ums Jahr in Betrieb. 600 Personen pro Stunde kann die geräumige Kabine (unten und rechts) zu einem der schönsten Bündner Aussichtsberge bringen. Im ersten Abschnitt überwindet die Bahn nach 1200 Meter Fahrt eine Höhendifferenz von 234 Metern. Von dieser Mittelstation an der Arlenwaldstraße eröffnet sich dem Wanderer eine Fülle von Bergpfaden ins Weißhorngebiet. Der zweite Abschnitt hinauf zur Bergstation (2653 m ü. M.) ist erheblich steiler: Auf zwei Kilometern werden 626 Höhenmeter überwunden.

Arosa. 500 Personen kann die Gondelbahn Arosa–Hörnli in einer Stunde auf den Gipfel bringen (oben). Dabei werden auf drei Kilometer Fahrt 665 Höhenmeter bezwungen, ehe die silbernen Gondeln an der Bergstation auf 2440 m ü. M. «landen». Beeindruckend ist von hier der Blick zum Weißhorn und zu den Parpaner Hörnern. Auf Wanderer wartet ein gemütliches Restaurant. Die Bergstation ist im Sommer Ausgangspunkt für viele angenehme Routen und im Winter Start für die Hörnli-Abfahrt.

Klosters. Von der Talstation im alten Walserdorf Klosters (links) führt die Gondelbahn Klosters–Madrisa in zügiger Fahrt (11 Minuten) über herrliche Bündner Bergwälder hinauf zur Bergstation Albeina-Saaseralp. Über 2300 Meter geht die luftige Reise, bei der eine Höhendifferenz von 746 Metern überbrückt wird. Von der Saaseralp aus weitet sich die Sicht ins ganze Prättigau. Imposant erhebt sich das Madrisahorn (2826 m ü. M.) – wie ein mächtiger Grenzstein zum Nachbarland Österreich, das gleich dahinter liegt.

Klosters. Im Pendelbetrieb befördert die Luftseilbahn Klosters–Gotschnagrat–Parsenn (ganz oben) stündlich 500 Passagiere zum Gotschnagrat. Zwischenstation nach zwei Kilometer Fahrt ist der Gotschnaboden. Der zweite Abschnitt vom Gotschnaboden bis zum Grat mißt 972 Meter bei einer Höhendifferenz von 506 Metern. Hier, auf 2300 Metern, lädt ein Restaurant zum Verweilen, bevor die Gegend wandernd (oben) oder per Ski erkundet wird – etwa als Abfahrt durch das Drostobel.

Davos. Die Talstation der Luftseilbahn Davos–Pischa (oben und rechts oben) steht in Dörfji an der Flüelapaßstraße und damit etwas außerhalb von Davos, ist aber mit dem Auto oder dem regelmäßig fahrenden Autobus in wenigen Minuten zu erreichen. In sechsminütiger Fahrt überwinden die 100-Personen-Kabinen 685 Höhenmeter bei einer Streckenlänge von gut zwei Kilometern. Die Bergstation auf 2485 Metern liegt mitten am Südabhang des sonnenüberfluteten Pischahorns (2980 m ü. M.). Neben einem weiten Ausblick vom Davosersee bis zum Flüelapaß bieten sich Wanderern und Skifahrern zahlreiche reizvolle Möglichkeiten. Für Wintergäste erstrecken sich drei Skilifte parallel zur Luftseilbahn und erschließen das Gelände fast bis ins Flüelatal. Sommertouristen finden hier einen idealen Ausgangspunkt für Wanderungen in 2500 Meter Höhe. Abseits vom Lärm winden sich die Höhenwege vorbei an der geschützten Alpenflora von Pischa, und von vielen Sonnensitzplätzen aus ist die Bündner Bergwelt zu bewundern.

Weißfluhjoch. 1955, als die Weißfluh erstmals mit Motorenkraft bezwungen wurde, verkehrte zwischen Joch und Gipfel nur eine einzige, 50 Personen fassende Kabine. Seit Weihnachten 1962 arbeitet die Luftseilbahn Weißfluhjoch–Weißfluhgipfel (oben) im Pendelbetrieb; während eine Kabine bergan schwebt, fährt die andere talwärts. So wurde die stündliche Beförderungsleistung von 400 Fahrgästen auf 650 erhöht. Über Schneefelder und Eisgrate ziehen sich die beiden Kabinen das letzte Teilstück zum 2844 Meter hoch gelegenen Weißfluhgipfel hinauf. 154 Höhenmeter werden nach knapp 700 Metern Fahrt geschafft. Großartig und überwältigend ist das Panorama, das sich einem hier auftut. Fast zum Greifen nahe liegen die Bündner Gebirgsriesen Pischa, Jakobshorn und Älplihorn. Über imponierende Bergwälder, Hochtäler und Höhenzüge schweift der Blick bis nach Davos hinunter, das vom Weißfluhjoch aus mit der Parsennbahn nach einer Fahrt von nur 25 Minuten leicht und sicher zu erreichen ist.

Davos. Nur wenige Tage vor der letzten Jahrhundertwende, nämlich am Weihnachtstag 1899, wurde das erste Teilstück der Linie zum Strelapaß eröffnet: die Standseilbahn Davos–Schatzalp (vorhergehende Doppelseite). Sie befördert heute stündlich 1000 Passagiere und überwindet dabei auf nur 716 Metern eine Höhendifferenz von 304 Metern. Schon diese Mittelstation Schatzalp (1861 m ü. M.) ist des Verweilens wert: Nur eine Viertelstunde vom Bahnhof entfernt liegt der berühmte Alpengarten.

Schatzalp. Ab hier übernimmt die Gondelbahn Schatzalp–Strelapaß (oben) den Transport der Passagiere. Der wesentlich flachere zweite Abschnitt führt zwischen Podestatenalp und Strela-Alp über eine Strecke von 1760 Metern, wobei die Gondeln 490 Höhenmeter zu überwinden haben. Der Strelapaß, 2350 Meter hoch gelegen, ist eine Pforte zur Bündner Bergwelt: In vier Stunden führt ein Höhenweg nach Arosa, und über einen Bergpfad ist in nur 75 Minuten das Weißfluhjoch zu erreichen.

Davos. Von Davos Platz gleiten die roten Kabinen der Luftseilbahn Davos–Ischalp–Jakobshorn (vorhergehende Seite) über Nadelwälder und Alphütten hinweg zur großen Lichtung der Ischalp, wo sich auf 1931 Meter die Mittelstation und ein Restaurant befinden. Dieser erste Abschnitt der Jakobshornlinie mißt 1054 Meter und überbrückt auf dieser Strecke fast 400 Höhenmeter. Berggänger, die von hier aus zu Fuß aus der riesigen Schneise heraus und zum Gipfel wollen, schaffen das in zwei Stunden. Bis 1958 war das unumgänglich. Seither führt das zweite, doppelt so lange Teilstück direkt hoch zum Bergrestaurant auf dem Jakobshorn (2590 m ü. M.) Wie die Zacken eines Sterns verlaufen hier Skipisten und Wanderwege. Durch sieben Skilifte gut erschlossen, ist die Gegend zwischen Brämabüel und Clavadeler Alp längst zu einem beliebten Wintersportplatz geworden. Wanderer sind vom Jakobshorn aus in weniger als einer Stunde auf dem rund 100 Meter höheren Gipfel des Jatzhorns; Brämabüel ist in einer halben Stunde zu erreichen, und wer den gesamten Rückweg zur Ischalp zu Fuß zurücklegen möchte, schafft das in einer guten Stunde.

Jakobshorn. Die Lufseilbahn Jakobshorn–Jakobshorn-Gipfel (unten) ist sicher eine der kürzesten Luftseilbahn-Verbindungen in unserem Land; sie zeigt, wie gut das Gebiet unter dem Gipfel des Jakobshorns touristisch erschlossen wurde. 1960 wurde diese «Kurzstrecke» geschaffen, die lediglich über 263 Meter führt und dabei 91 Meter Höhendifferenz überwindet. Direkt an die Bergstation des Skiliftes von der Clavadeler Alp schließt sich diese Verbindungsbahn an, deren Streckenführung fast parallel mit der Wanderpiste zur Jatzhütte verläuft.

Davos. Bereits seit 1931 bringt die Standseilbahn Davos–Parsenn–Weißfluhjoch (vorhergehende Seite) Touristen ins herrliche Schneeparadies und Wandergebiet oberhalb von Davos. Heute wird die Mittelstation Höhenweg nach einer viertelstündigen Fahrt erreicht (662 Höhenmeter bei knapp zwei Kilometer Länge). Der zweite Abschnitt zum 2663 Meter hoch gelegenen Restaurant auf dem Weißfluhjoch verläuft etwas flacher. Auf 2,2 Kilometer Streckenlänge werden 444 Höhenmeter bezwungen.

Parsennhütte. Die Luftseilbahn Parsennhütte–Weißfluhjoch (oben) wurde 1961 zur Entlastung der Standseilbahn eröffnet. Nun konnten Skifahrer aus den föhngefährdeten Lagen unter 2000 Meter ins schneesichere Gebiet gebracht werden. Heute befördern die schmucken roten Kabinen auch Wanderer in die Gebirgslandschaft zwischen Parsenn und Weißfluh. In wenigen Minuten schweben die Kabinen über Totalpsee und Meierhofer Tälli zur Bergstation empor, vorbei an der grandiosen Kulisse der Bündner Dreitausender.

Lenzerheide. Sie war kaum zwei Jahre alt, schon steckte sie in einer ernsthaften Krise; aber die 1965 bankrotte Luftseilbahn Lenzerheide–Parpaner Rothorn wurde nicht nur gerettet, sondern auch vor dem Zugriff ausländischen Kapitals bewahrt. Seither pendeln die beiden Kabinen mit je 35 Plätzen von der florierenden und entsprechend überbauten Lenzerheide bergwärts. In zwei Sektionen werden 803 Höhenmeter überwunden; die Bergstation liegt 2324 m ü. M. Die Bilder zeigen die längst sanierte Luftseilbahn vor dem Hintergrund des Bündner Winters (oben) und des Sommers des sanften Gebirgstals (links). Eine Luftseilbahn mit 76 vierplätzigen Umlaufkabinen entlastet seit 1975 die «alte» Rothornbahn auf der ersten Sektion. Diese neue Anlage bringt die Gäste vom Tal (1505 m ü. M.) zur Rothorn-Mittelstation Scharmoin. Zwei Sesselbahnen ergänzen diese beiden größeren Anlagen. Die eine führt von Motta auf das Parpaner Schwarzhorn (2592 m ü. M.), die andere in zwei Sektionen von Val Sporz (1521 m ü. M.) auf den Piz Scalottas (2324 m ü. M.).

Die Geschichte der Rothornbahn zeigt, daß die Eroberung und Erschließung der Bergwelt durch die Technik unseres Jahrhunderts nicht immer problemlos ablief. Immerhin: Lenzerheide hat den Anschluß an die Zukunft nicht nur gesucht, sondern seit 1963 auch gefunden. Inzwischen wünscht sich mancher, der das Bündner Dorf bereits kannte, bevor der Ausverkauf der grünen Matten begann, daß die einstige Idylle an der Route Chur–St. Moritz etwas weniger energisch in jene Zukunft gestoßen worden wäre. Aber gerade in diesen Fällen erfüllen die Bergbahnen ein doppeltes Bedürfnis: Sie führen hinauf – in die noch freie Natur.

Laax. Die beiden technisch fast identischen Luftseilbahnen Mulania–Crap Sogn Gion–Crap Masegn gehören zu den modernsten der Schweiz. Die großen, sieben Meter langen 125er Kabinen verleihen den zwei Anlagen das Aussehen von Jumbobahnen – wie sie denn auch genannt werden. Die Antriebsstation Mulania (1097 m ü. M.) steht oberhalb der Straße, die Laax und Flims verbindet, beim Weiler Murschetg, fünf Busminuten von Laax enfernt. 1134 Meter höher liegt die Bergstation Crap Sogn Gion (rechts); unmittelbar daneben steht die Antriebsstation der Schwesterbahn, die sich von 2229 m ü. M. auf 2489 m ü. M. zum Crap Masegn hinaufschwingt. Neben den beiden kubischen Bahnstationen befindet sich der ebenso moderne Rundbau des Berghotels Crap Sogn Gion.
Die erste Sektion der Laaxer Jumbobahn (unten) wurde 1968 eröffnet, die zweite 1973. Die Erschließung der «Weißen Arena» über Laax war mit großen Anlaufschwierigkeiten und zum Teil fast unüberwindbaren Rückschlägen verbunden. Sie hat ein Bergbauerndorf mit 300 Einwohnern in einen Sport- und Ferienort mit über 5000 Gästebetten verwandelt. Der endgültige Durchbruch zur Gruppe der namhaftesten Schweizer Kurorte gelang schließlich mit dem Ausbau des Vorabgletschers. 20 Millionen Franken kostete diese Gletschererschließung. Sie machte Laax zu einem der wenigen Orte mit der Möglichkeit, 365 Tage im Jahr Ski zu laufen. 140 Quadratkilometer erschlossenes Skigebiet, 18 Bahn- und Liftanlagen, Schlittelbahn und 30 Kilometer gepfadete Wanderwege im Winter, Sommerski- und Langlaufzentrum Vorab 3000 und 120 Kilometer markierte Spazier- und Wanderwege im Sommer: ein Angebot, das verlockend ist!

Disentis. Sie erschließt ein mittelschweres Skigebiet über dem Vorderrheintal: die Luftseilbahn Disentis–Caischavedra (links, im Sommer). Das Maiensäß Caischavedra (Käsehütte) liegt 1872 m ü. M. und 637 Meter über Disentis. Skilifte «schieben» im Winter die Gäste bis knapp unter den Piz Ault (3037 m ü. M.), und bereits tragen sich die Disentiser mit dem Gedanken, ihre Luftseilbahn bis auf 3000 Meter hinauf zu spannen. Die beiden Kabinen fassen je 81 Personen.

Flims. In Viererkabinen beginnt die Höhenfahrt – in 80-Personen-Kabinen endet sie. Die beiden Luftseilbahnen Flims–Startgels–Grauberg unterscheiden sich aber auch in einem andern Punkt: Gemächlich, mit drei Metern in der Sekunde, schaukeln die 100 lösbaren Kabinchen der Startgels-Umlaufbahn den Gast von Flims (1099 m ü. M.) aus 490 Meter höher hinauf (oben); mit einer Fahrgeschwindigkeit von 10 m/s schwebt die Graubergbahn dann der 2238 m ü. M. liegenden Bergstation zu.

Flims. Die Luftseilbahnen Flims Dorf–Cassonsgrat beginnen noch kleiner als die Graubergbahn: In Zweiersesseln schaukelt man in zwei Sektionen der Alp Naraus (1840 m ü. M.) entgegen, wo der Gast in eine veritable Luftseilbahn umsteigt, die ihn auf den Cassonsgrat (2644 m ü. M) hinaufführt. Während die beiden 1945 und 1947 eröffneten unteren Sektionen 19 Minuten brauchen, um 742 Meter zu überwinden, schafft die 1955 eröffnete Luftseilbahn (oben) 801 Meter in nur sieben Minuten.

Surlej/Silvaplana. Die Luftseilbahn Surlej–Silvaplana–Corvatsch verleitet zu Superlativen. Zwar sind die 80-Personen-Kabinen (rechts) nicht übermäßig groß, aber sie transportieren den Gast immerhin von 1877 auf 3305 Meter hinauf. Die beiden Sektionen zusammen spannen über acht Zwischenstützen 4435 Meter Drahtseil in den Berg. Das ganz Besondere an dieser Bahn jedoch ist ihr Ziel, der Wunschberg jeden Gastes, der Corvatsch, dessen Firnfeld auch in den Sommermonaten zum Skilauf einlädt.

Corvatsch. Da haben wir ihn, den berühmten Ausblick vom Corvatsch aus auf den Silsersee (oben), von dem Conrad Ferdinand Meyer einst sagte: «Das ist eine Landschaft, vor der man die Rätsel des Daseins vergißt und sich an die klare Offenbarung der Schönheit hält.» Der Piz Corvatsch, der seinen Namen vom großen Bergraben (romanisch «corv» plus die Vergrößerungsform «atsch») herleitet, war seit den Anfängen des Skisports der Traumberg der Skifahrer. Bereits 1894 wurde er per Ski vom St. Moritzer Philipp Mark mit einigen Freunden bestiegen. Die Abfahrt bedeutete für die damalige Zeit ein aufregendes Wagnis, und ein Zeitungsbericht sprach denn auch von Tollkühnheit. Wenige Jahre danach wurde jedoch schon davon gesprochen, eine Zahnrad- oder Drahtseilbahn auf den Corvatsch zu bauen. Kriege und Krisen verhinderten indes eine Realisierung dieser im wahren Sinne des Wortes «hochfliegenden» Pläne. Als die Schönheit der Landschaft einerseits und der Skisport andererseits immer mehr Menschen ins Engadin zu locken ver-

mochten, wurde die Idee der Erschließung des Piz Corvatsch wiederaufgenommen, und gegen Ende der fünfziger Jahre gewannen die Pläne feste Gestalt. Dem Fortschritt der Technik entsprechend, sahen sie jetzt eine Luftseilbahn vor (vorhergehende Seite). Sie erschloß ein Eldorado für Skifahrer und Wanderer, für Sonnenhungrige und Naturfreunde. In knapp 15 Minuten tragen die Kabinen den Gast auf den Gipfel hinauf. Abfahrten aller Schwierigkeitsgrade stehen dem Skifan offen. Ob Sommer oder Winter – Pisten laden ein zu stiebender Fahrt. Aber auch die Sommerwanderungen vermitteln, was Prospekte verheißen: eine wirklich fast unbeschreiblich schöne Landschaft, die auf vielen Farbfotos einen so tiefblauen Himmel präsentiert, daß die Bilder unglaubwürdig erscheinen, koloriert, geschäftstüchtig verfälscht. Doch so sind sie, der tiefblaue Himmel über dem Engadin und die ihn spiegelnden blauen Seen. Hier oben, auf dem Corvatsch, «läßt sich aufatmen», das Herz droht vor Freude zu zerspringen.

89

Sils Maria. Furtschellasbahn wird sie genannt, und so ist sie auch angeschrieben, offiziell heißt sie jedoch Luftseilbahn Sils Maria–Prasüra. Sie wurde 1972 eröffnet. Die beiden Kabinen (rechts) fassen je 80 Personen. Mit einer Geschwindigkeit von zehn Metern in der Sekunde ist die Furtschellasbahn eine der schnellen Luftseilbahnen. Von der Talstation (1810 m ü. M.) im hübschen Sils Maria führt die Bahn auf 2322 Meter hinauf. Ziel ist die Sonnenterrasse der Furtschellas über den Engadiner Seen. Außer der natürlichen Schönheit dieses Skigebiets fällt ein Vorteil ins Gewicht: Die Anstehzeiten auch für die Skilifts auf den Furtschellas sind noch kürzer als an vielen andern, superrenommierten Sportplätzen der Engadiner Skiszene.

Corviglia. Die Talstation der Luftseilbahn Corviglia–Piz Nair liegt nur 16 Meter tiefer über Meer als der stolzeste bahnerschlossene Gipfel der Nordostschweiz. Auf einer Höhe, wo die Säntisbahn also endet – fast 2500 m ü. M. –, beginnt hoch über St. Moritz die 1977 umgebaute Bahn auf den Piz Nair (3057 m ü. M.). Das Bild unten zeigt die hochgelegene «Talstation». Diese 1954 erbaute Hochbahn war damals die erste eine Höhe von 3000 Metern überschreitende Anlage dieser Art. Inzwischen ist sie fast ganz erneuert worden: Sie hat neue Kabinen und Aufhängungen, Laufwagenbremsen sowie moderne Sicherheits- und Steueranlagen. Gleich geblieben ist die Größe der Kabinen: Sie fassen nach wie vor 40 Personen. Das Transportvermögen in jeder Richtung pro Stunde wurde dennoch von 250 auf 360 Personen erhöht, weil die Bahn heute mit der maximal zulässigen Geschwindigkeit von zehn Metern in der Sekunde arbeitet.

St. Moritz Bad. Eröffnet wurde die Luftseilbahn St. Moritz Bad–Signal (oben) 1973, im Jahr vor den Skiweltmeisterschaften in St. Moritz. Sie sollte das überlastete Corvigliabähnchen ergänzen und die WM-Besucher auf 2139 m ü. M. hieven; außerdem sollte sie Zubringerdienste für die Corvigliaregion leisten. Diese aktuelle Leistung hat die Bahn mit den 101-Personen-Kabinen gebracht. Die Vorteile der Signalbahn: An der Talstation stehen viele Parkplätze zur Verfügung. Mit der Bergstation wurde eine kleine Landschaft mechanisch erschlossen, die vor 1973 noch unberührt war. Bergfreunde bedauern die Veränderung der zuvor unverbauten Gegend rund um Alp Giop. Wanderfreunde mögen die Bahn, weil von der Bergstation aus Wege zu herrlichen Aussichten auf die Engadiner Seen führen. Zu den technischen Details der Signalbahn, die 534,5 Meter überwindet, gehört ein Rettungsfahrzeug für acht Personen, fahrend auf den Haupttragseilen. Sicherheit wird wie bei allen Bergbahnen großgeschrieben.

Curtinatsch. Stimmungsvoll schweben die beiden Kabinen der Luftseilbahn Curtinatsch–Piz Lagalp vor dem Bernina-Panorama aufeinander zu (oben).

St. Moritz. Die Standseilbahnen St. Moritz–Chantarella–Corviglia (rechts) erschließen in zwei Etappen den berühmtesten St.-Moritzer Skigipfel, tragen den Gast von 1846 m ü. M. auf kühlere 2486 Meter hinauf. Die Chantarella-Bahn, 1912 eröffnet, ist älter als die Fortsetzung in die Corviglia-Region hinauf. 16 Jahre lang war diese heutige erste Sektion mit ihren zwei behäbigen Fahrzeugen Zubringerbähnchen für die damalige «hochalpine Erholungs- und diätetische Höhen-Kuranstalt Chantarella». Die heutige zweite Sektion der Anlage mit ihren 140plätzigen Personenwagen leitete 1928 zusammen mit dem bereits florierenden Zubringerbähnchen eine Entwicklung ein, die St. Moritz unter anderem berühmt gemacht hat; mit dieser Bahn wurde ein Skigebiet erschlossen, das inzwischen Millionen und aber Millionen begeisterter Skifahrer in Erinnerung ist: die Corviglia. Seit 1937 sind die beiden Drahtseilbahnen in Gemeindebesitz. 1956 wurde die Chantarella–Corviglia-Bahn umgebaut. Faßten die Wagen bis dahin 63 Personen, so jetzt 140, die Förderleistung in jeder Richtung erhöhte sich von 300 Personen pro Stunde auf 800. In nächster Nähe der Bergstation steht übrigens das Restaurant des Palace-Clubs «Corviglia», das nur Klubmitgliedern zugänglich ist. Das ist St. Moritz: Längst haben die erfolgreichsten Manager des Oberengadins auf den «Schnee» des Massentourismus gesetzt – ein glitzerndes Flöckchen Exklusivität hat aber da und dort nach wie vor sein Plätzchen.

Samedan. Das Drahtseil der Standseilbahn Punt Muragl–Muottas Muragl (links) ist mit 2307 Metern das längste Kabel aller Standseilbahnen in der Schweiz. Sechs Seile mußten bis heute ersetzt werden, denn das Bähnchen, das 80 Personen in jeder Fahrtrichtung Platz bietet, ist alt; 73 Jahre sind es her, seit der fahrplanmäßige Betrieb aufgenommen worden war. Das Oberengadin hatte damit seine erste dem Ausflugverkehr dienende Bergbahn. Betrieben wurde die Anlage vorerst nur im Sommer, doch schon im Winter 1908/09 war die Attraktion perfekt: Das rote Bähnchen wurde wintersicher ausgerüstet. Am Beispiel dieser Bahn, d. h. aus ihrer langen Geschichte, kann man die schwankende Wirtschaftlichkeit der Schweizer Bergbahnen herauslesen: Im Jahre 1911 betrug der Erlös pro Fahrgast Fr. 2.65, im Jahre 1916 sank er auf Fr. 1.32 – Erster Weltkrieg! –, um im Jahre 1927, dem Blütejahr für die Engadiner Hotellerie, auf Fr. 2.71 zu steigen. 1941 sank der Erlös je Person wieder auf Fr. 1.44 – Zweiter Weltkrieg! –, heute beträgt er rund einen Franken, was vor allem eines deutlich macht: Unsere Bergbahnen sind kein Exklusivvergnügen für eine privilegierte Schicht von Nobeltouristen mehr; sie sind zum Volksvergnügen geworden, die große Anzahl der Benützer macht die Betriebsrechnungen erfolgreich. Das alte Bähnchen am siebten Seil kann allerdings nicht mehr zu den Großverdienern gezählt werden. Ein besonderer Reiz dieses alten Bähnchens: Von der 2448 m ü. M. liegenden Bergstation führt ein waagrechter Höhenweg auf die Alp Languard, die durch zwei Sesselbahnen mit Pontresina verbunden ist. Restaurants auf dem Muottas Muragl und dem Unteren Schafberg machen diesen Höhenspaziergang noch leichter.

Samnaun. Auch eines der verträumtesten Alpentäler, das Samnaun im Unterengadin, hat es geschafft: Die Luftseilbahn Ravaisch–Alptrider Sattel (unten) ist eine der jüngsten der Schweiz und erschließt das Ski- und Wandergebiet der Alp Trida (2500 m ü. M.). Die Talstation bei Ravaisch, einer von fünf Fraktionen der Gemeinde Samnaun, wird durch die beiden 80 Personen fassenden Kabinen mit einem Paradies verbunden. Allein auf schweizerischer Seite erstreckt sich im Winter ein Netz von 30 Abfahrtskilometern; die österreichische Seite ist seit Jahren mechanisch erschlossen. Zusammen mit den Hängen über Ischgl steht dem Wintersportler eine weiße Arena mit über 100 km Skipisten offen. Drei Skilifte auf Schweizer Seite komplettieren das Winterangebot. Der Samnauner Sommer wird von rund 1800 Pflanzenarten geschmückt und von 60 Vogelarten «besungen». Die Waldgrenze liegt 200 Meter über dem schweizerischen Mittel, darüber findet man Bergmatten und Alpweiden.

Zentralschweiz

Es ist eine geschichtsträchtige Gegend, die sich rund um das silberne Kreuz des Vierwaldstättersees hochtürmt. Mögen auch Pilatus und Rigi als markante Punkte in der Landschaft die Höhe etwa der Berner oder Walliser oder Bündner Gebirgsriesen nur halb erreichen und sind auch Engelberg, Melchsee-Frutt oder Andermatt nicht ganz so mondän wie etwa St. Moritz oder Verbier, so liegt uns Schweizern gerade diese Gegend doch sehr am Herzen; denn hier, in unmittelbarer Nachbarschaft zur Wiege der Eidgenossenschaft, hat sich viel vom urschweizerischen Pioniergeist gehalten, auch und gerade im Bergbahnbau. Die herausragendsten Bauwerke dieser Art wurden hier schon im letzten Jahrhundert geschaffen, etwa an der Rigi, an der sich bereits 1871 von Vitznau aus eine Dampflokomotive hochkämpfte – die erste Bergbahn in Europa!

Und noch eine andere Bahn aus dieser Gegend hält einen Rekord, nämlich die Zahnradbahn, die Alpnachstad mit dem Pilatus-Kulm verbindet. So steil wie hier verläuft keine andere Bahnlinie in der ganzen Welt.

Gut in diese «heimelige» Gegend, in der sich jeder schnell zu Hause fühlt, paßt das hübsche Oldtimer-Bähnchen, das von Stans zum Stanserhorn hochführt. Nostalgiker haben ihre helle Freude auch an der Dampflokomotive, die noch immer auf der Rigi-Linie ab Vitznau eingesetzt wird.

Doch selbst Freunde moderner Technik kommen in der Innerschweiz auf ihre Kosten. Bewundernswert zum Beispiel ist die kühne Kabelführung der Luftseilbahn, die die Fräkmüntegg mit dem Pilatus-Kulm verbindet.

Bergbahnen bringen Wanderer in Gegenden, in denen sich viel ursprüngliche Natur halten konnte. Gutausgebaute Bergpfade führen an einer reichen Alpenflora vorbei zu einem der zahlreichen kleinen Seen. Lohnende Aussichtspunkte lassen sich hier fast Schritt auf Tritt finden, wo der Blick über historischen Boden, weit ins Mittelland hinein und zu den Alpen reicht.

Wer die großartige Landschaft rund um die «Geburtsstätte» unseres Landes auf Bergbahnfahrten und Wanderungen kennen und lieben gelernt hat, wird immer wieder kommen, um die zahlreichen Naturschönheiten der Zentralschweiz zu erleben und zu bewundern – wie etwa das farbenprächtige, stimmungsvolle Schauspiel des Sonnenuntergangs über Rigi Kaltbad (unten).

Kriens. Die Pilatuslinie ab Kriens wird von zwei verschiedenen Verkehrsmitteln bedient. Von der Talstation (516 m ü. M.) windet sich die Gondelbahn Kriens–Fräkmüntegg über fast fünf Kilometer Streckenlänge den Luzerner Hausberg hoch. Zwischenstation ist dabei die Krienseregg (1031 m ü. M.), ein Ausgangspunkt für Wanderungen, Skiabfahrten und Langläufe. Endstation für die 130 vierplätzigen Gondeln ist die Fräkmüntegg, 1415 Meter hoch gelegen, von wo die Linie als Luftseilbahn Fräkmüntegg–Pilatus Kulm (oben und nächste Doppelseite links) weitergeführt wird. Über schroffe Felsen hinweg gleiten die Kabinen hinauf zur Bergstation auf 2070 Meter. Bemerkenswert ist die kühne Architektur dieser Luftseilverbindung: Nur ein einziger Stützpfeiler trägt die mächtigen Kabel.

Alpnachstad. Der imponierende Rundbau auf dem Kulm, bloß wenige Meter unterhalb des Pilatusgipfels, ist auch Bergstation für die Zahnradbahn Alpnachstad–Pilatus Kulm

(großes Bild nächste Seite), die für sich in Anspruch nehmen darf, die steilste ihrer Art in der ganzen Welt zu sein. 1889 wurde ihre verwegene Schienenführung in der Steilwand des «Esels» gemeißelt. Damals trieb noch Dampf die Wagen den Berg hinauf; seit 1937 ist die Strecke elektrifiziert. Von der Talstation (441 m ü. M.) überwinden die neun Triebwagen für je 40 Fahrgäste enorme Steigungen bis 48%, ehe sie nach einer halbstündigen Fahrt auf dem Pilatus-Kulm anlangen. Diese «Weltrekordlinie», die nur während der schneefreien Monate betrieben wird, führt zu einem der schönsten Aussichtspunkte der Schweiz – die Sonnenterrasse hält nämlich nicht nur kulinarische Köstlichkeiten in zwei Hotels bereit, sondern auch ein großartiges Panorama über weite Teile der Schweiz. Von hier aus läßt sich die ganze Stadt Luzern überblicken, und an schönen Tagen weitet sich die Sicht zu den Berner Alpen mit ihren schneebedeckten Kuppen und über das gesamte Mittelland hinweg bis zum Schwarzwald und zum Jura.

Weggis. Im Angesicht des Pilatus, der über die Wasser des Vierwaldstättersees herübergrüßt, schwingt sich die Luftseilbahn Weggis–Rigi Kaltbad (links) den Berg hoch. Der steile Streckenverlauf, bei dem 924 Höhenmeter nach nur 2310 Meter Fahrt überwunden werden, führt über urwüchsige Fichtenwaldungen am sonnigen Südhang der Rigi. 400 Fahrgäste werden von den beiden schmucken roten Kabinen in der Stunde hinauf nach Rigi Kaltbad gebracht, von wo ein Höhenweg zur Scheidegg (1663 m ü. M.) führt.

Arth-Goldau. Die Zahnradbahn Arth-Goldau–Rigi Kulm (oben) ist eine Pionierleistung, die auf den berühmten Ingenieur Niklaus Riggenbach zurückgeht. Bereits 1875 dampften Lokomotiven auf einer Riggenbach-Zahnstange die Rigi hoch. Brauchte man damals für die 8,5 Kilometer lange Fahrt noch anderthalb Stunden, so dauert heute die Bergfahrt über neun Brücken und durch zwei Tunnels eine gute halbe Stunde, wobei die Linienführung im obersten Teil parallel zur gleichspurigen roten Vitznau–Rigi-Bahn verläuft.

Vitznau. Nostalgie im Bahnhof von Vitznau: drei Generationen der Zahnradbahn Vitznau–Rigi Kulm (vorhergehende Doppelseite). Stolz verweist man darauf, daß aus dem schmucken Luzerner Dorf die erste europäische Bergbahn startete, und dies schon 1871. Auch hier gehörte Niklaus Riggenbach zu den treibenden Kräften, und wie bei der Rigi-Bahn aus Arth fährt auch die Vitznauer Rigi-Bahn auf einer Zahnstange, die auf diesen genialen Ingenieur zurückgeht. Beide Rigi-Bahnen fahren als einzige Bergzahnradbahnen auf einer 1435-mm-Spur. Dabei tun von Vitznauer Seite aus immer noch Dampflokomotiven (oben) ihre treuen Dienste und haben so ein Stück Eisenbahnromantik bis in unsere Zeit herübergerettet. Natürlich verkehren auf der 6,8 Kilometer langen Linie auch elektrische Triebwagen (rechts) und bringen Besucher aus aller Welt auf die Rigi. Schon im Zug enthüllen sich dem Fahrgast die Schönheit der Urschweizer Landschaft, des schimmernden Kreuzes des Vierwaldstättersees und der Alpen.

Engelberg. Über Felder und Grate aus ewigem Schnee und Eis ziehen sich die Kabinen (oben) der Stand- und Luftseilbahn Engelberg–Titlis hinauf zum höchsten Aussichtspunkt der Zentralschweiz. Von der Talstation (996 m ü. M.) bis zur Gerschnialp (1263 m ü. M.) wird die Linie von einer Standseilbahn bedient, an die nahtlos eine über Trübsee und Stand führende Luftseilbahn anschließt. Attraktionen der Bergstation auf 3020 m ü. M. sind Panorama-Restaurant, Eisgrotte und Gletscherweg.

Stöckalp. Die Gondelbahn Stöckalp–Melchsee-Frutt (rechts) ist das letzte Teilstück der Bahn- und Postauto-Verbindung zwischen Luzern und dem autofreien Obwaldner «Bergdorf» Melchsee-Frutt. Von der Talstation, 1078 Meter hoch gelegen, schweben Viererngondeln über Alpwiesen zur Bergstation (1913 m ü. M.).

Stans. Ein schmucker «Oldtimer» (ganz rechts), Jahrgang 1893, befährt den ersten Streckenabschnitt der Stand- und Luftseilbahn Stans–Stanserhorn. Das Museumsbähnchen überwindet in bloß neun Minuten die 257 Höhenmeter bis zur Umsteigestation Kälti. Von dort wird die Linie als Luftseilbahn weitergeführt. Zwei Kabinen (nächste Seite) bringen je 40 Fahrgäste hinauf zum Stanser Wahrzeichen. Das Stanserhorn, obwohl «nur» 1900 m ü. M., bietet den Besuchern ein 100 Kilometer langes Alpenpanorama über Titlis und Eiger bis zum Schwarzwald. Ein reicher – und daher streng geschützter! – Alpenblumenteppich säumt die vielen Wanderwege und Höhenrouten, die sich von der Bergstation verzweigen und die für jedermann leicht begehbar sind.

Beckenried. Ein kraftvoller Elektromotor mit einer Spitzenleistung von 1100 PS treibt die geräumigen 80-Personen-Kabinen (unten) der Luftseilbahn Beckenried–Klewenalp, wobei in nur acht Minuten eine über drei Kilometer lange Strecke und 1150 Höhenmeter überwunden werden. Von der Bergstation auf 1600 m ü. M. weitet sich die Sicht über den Vierwaldstättersee und das Mittelland hinweg bis ins Voralpengebiet.

Andermatt. An der Gotthardstraße (1438 m ü. M.) liegt die Talstation der Luftseilbahn Andermatt–Gemsstock (ganz unten), die auf ihrer vier Kilometer langen Linie über den Bannwald und die berühmten Lawinenverbauungen ob Andermatt hinweg zur Mittelstation Gurschenalp (2212 m ü. M.) führt. Von dort gleiten die Kabinen der zweiten Teilstrecke zügig (8 m/s) dem Gurschen- und Gemsgrat entlang, kreuzen den Firn und legen an der Bergstation auf 2949 m ü. M. an. Hier ist ein eindrucksvolles Alpenpanorama zu bewundern, das vom Monte Zucchero über Rheinwaldhorn, Tödi, Clariden und Sustenhorn bis zur Dufourspitze reicht.

Weglosen. Zentraler Punkt in der Wintersport- und Wanderlandschaft des Hoch-Ybrig-Gebiets – zwar auf Schwyzer Boden gelegen, aber vor allem von Zürchern als beliebte Naherholungsstätte oft besucht – ist die Luftseilbahn Weglosen–Seebli. Über voralpine Nadelwälder hinweg gleiten die beiden Großraumkabinen für je 125 Fahrgäste (oben) und bewältigen auch einen Großansturm in dieser touristisch total erschlossenen Gegend. Neben der Luftseilbahn, die über 1773 Meter Streckenlänge 425 Höhenmeter überwindet und die mit einer Transportkapazität von 1300 Personen pro Stunde einen Weltrekord hält, erschließen zwei Sesselbahnen und fünf Skilifte das Hoch-Ybrig-Gebiet, in dem als markanteste Punkte Spirstock (1771 m ü. M.), Druesberg (2281 m ü. M.) und Chli Sternen (1856 m ü. M.) herausragen. Diese «Vorstufen» zu Tödi und Clariden sind, egal, ob in Grün oder in Weiß, rund ums Jahr Anziehungspunkte mit zahlreichen Pisten und Loipen, Spazierwegen und Höhenpfaden.

Tessin

Auch ohne seine Bergbahnen wäre das Tessin zweifellos kein zweitrangiger Ferienplatz. Trotzdem möchte sie keiner missen, die alte, 1890 eröffnete Zahnradbahn auf den Monte Generoso zum Beispiel. Man kann diese erste Tessiner Bergbahn durchaus noch als eine Pioniertat bezeichnen, obwohl die Vitznau–Rigi-Bahn schon das Jubiläum ihres 20jährigen Bestehens feierte, als die Lokomotive Nr. 1 die erste fröhliche Gesellschaft dampfkeuchend auf den bereits prominenten Tessiner Gipfel zog.

Die Geschichte dieser ersten Tessiner Bergbahn berichtet von schweren Zeiten. Bis zum Ausbruch des Ersten Weltkriegs wurde der Monte Generoso vorwiegend von wohlhabenden Familien aus Oberitalien besucht. Als die italienischen Gäste in der Folge ausblieben, geriet das Unternehmen in die roten Zahlen. Nach dem Krieg sank die Bahn noch tiefer; nur die Defizite stiegen. 1940 mußten die SBB einspringen, um den bereits beschlossenen Abbruch der Bahn zu verhindern. Schon ein Jahr später stellte sich ein endgültiger Retter ein: Die Genossenschaft Migros übernahm das abgewirtschaftete Dampfloksouvenir und verlieh ihm durch Herabsetzung der Fahrpreise neue Impulse.

Ebenso berühmt wie die Generosobahn ist die älteste Standseilbahn des Tessins, die von Lugano Paradiso aus den Monte San Salvatore erklimmt (unten). Die Nähe Luganos machte sie erfolgreicher als die im, wenn auch wunderschönen, Abseits liegende 90jährige Zahnradveteranin.

Die imposanteste Tessiner Luftseilbahn – San Carlo–Robiei – entstand 1963 als Transportbahn der Maggia-Kraftwerke AG und wurde erst neun Jahre später dem Tourismus übergeben.

Lugano. Seit 1925 pendeln die roten Personenwagen der Standseilbahn Lugano–Monte San Salvatore zwischen Paradiso (494 m ü. M.) und dem unverkennbaren, an Rios Hügel erinnernden Berggipfel am Rand der Bucht von Lugano. Die Bahn wurde wegen ihrer Länge (insgesamt 1629 Meter) in zwei Sektionen aufgeteilt. Die obere Bergstation liegt auf 883 m ü. M. und damit nur 29 Meter unter dem Gipfel. Die Rundsicht ist lückenlos. Zu Füßen liegen der Luganersee mit seinen vielen Buchten, die umliegenden Täler und Dörfer und Lugano natürlich. In der Ferne blinkt das Blau des Lago Maggiore, dahinter steht ein weißer Riese, das Monte-Rosa-Massiv, mitten im Alpenkranz. Im Süden: die Lombardische Tiefebene; bei besonders klarem Wetter reicht der Ausblick bis zu den Apenninen. Die ursprünglich hölzernen Wagenkasten sind längst ersetzt worden durch Leichtmetallgehäuse. Die Bahn am steil aufragenden Salvatore ist vom 1. März bis zum 30. November in Betrieb.

Lugano–Miglieglia. 60 überdachte Doppelsessel schweben an schönen Wochenenden über einer grünen Landschaft bergwärts: Die Sesselbahn Miglieglia–Monte Lema gilt unter Kennern der Tessiner Bergbahnen viel; der Gipfel des Monte Lema (1624 m ü. M.) ladet auf seinem weiten, mit einem dichten Grasteppich bedeckten Plateau zum Verweilen ein, ist aber auch Ausgangspunkt für viele Wanderungen. Der Rundblick wirkt sanfter als vom steil abfallenden Fels des Monte San Salvatore aus. Und im Winter liegt auf den luftigen Höhen des Monte Lema mehr als nur ein Hauch von Schnee. Die Sesselbahn ist denn auch an 73 Wintertagen für südlichen Skispaß in Betrieb. Sie wurde 1952 erbaut und überwindet 845 Meter im «Flug». Erwähnenswert ist, daß im Umkreis dieses Berges eine der schönsten und unberührtesten Gegenden der italienischen Schweiz liegt: der Malcantone. Hier findet der Gast noch währschafte Pensionen und Grotti, in denen «Mamma» keine Phantasiepreise verlangt für ihre gute alte Kochkunst.

San Carlo (Valmaggia). Die Luftseilbahn San Carlo–Robiei ist mit 4029 Meter Seillänge die zweitlängste ihrer Art in der Schweiz; nur die erste Sektion der Laaxer Arenabahn auf den Grap Sogn Gion ist 127 Meter länger. Die Robieibahn gehört mit ihren 125er Kabinen auch zu den ganz Großen – doch wurde sie nicht aus touristischen Gründen so erstrangig dimensioniert. 1963 erstellt, diente sie während neun Jahren dem Kraftwerkbau im hintern Maggiatal. Sie verkehrt nur im Sommer und führt von 1052 m ü. M. auf 1905 Meter hinauf. Schon die Fahrt ist eindrucksvoll (vorhergehende Seite). Gebirgsstraßen, für die verschiedenen Kraftwerkbauten erbaut, verbinden die Bergstation mit vier abgelegenen Stauseen, die, eingebettet in eine karge, urtümliche Landschaft und gestützt von gewaltigen Staumauern, in engen Felstälern liegen.

Piotta. Schwindelerregend steil steigt die Standseilbahn Piotta–Ritom (unten) von 1011 Metern auf 1793 m ü. M. hinauf. Die Fahrgeschwindigkeit der 35plätzigen Minibahn von nur einem Meter in der Sekunde kitzelt die Nerven ebenso wie das an den Haltestellen sich elastisch dehnende Drahtseil.

Capolago. Sie ist 90 Jahre alt; kühn steigt sie von der Schiffsstation Capolago (275 m ü. M.) auf 1614 Meter hinauf: die Zahnradbahn auf den Monte Generoso. Acht Jahre nach der Eröffnung der Gotthardbahn (1882) bot das Tessin seinen Besuchern die neue Attraktion an: Wer die Fahrt auf den Gipfel dieser «Rigi der Südschweiz» ausließ, verpaßte die damals einzigartige Möglichkeit, bequem die ganze Schönheit des Tessins, eingerahmt vom Alpenkranz und der Lombardischen Tiefebene, zu genießen. Bild rechts: Ein 1954 in Dienst gestellter Dieseltraktor stößt eine Reisegesellschaft zum Generoso hinauf. Die ursprünglich mit Dampflokomotiven ausgerüstete Bahn verfügt heute auch über moderne Diesel-Zahnrad-Triebwagen.

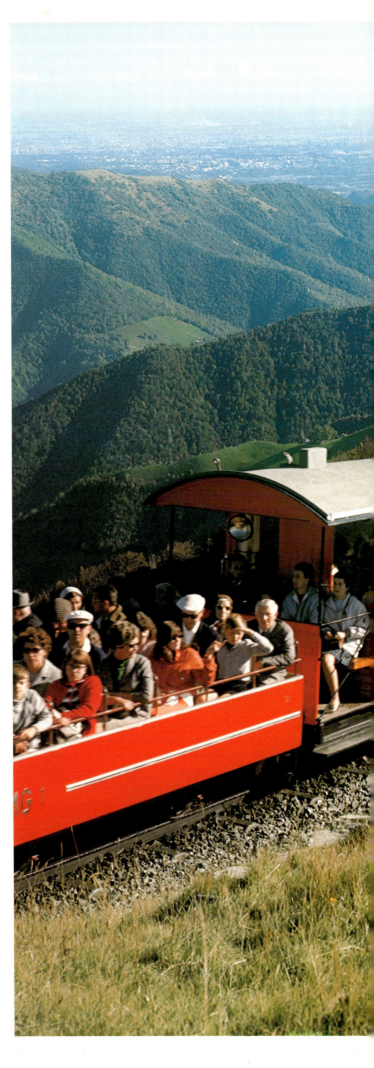

Brusino. Zwei schlanke, zehnplätzige rote Kabinen mit blauem Dach pendeln gemütlich hinauf und hinab. Die Luftseilbahn Brusino-Arsizio–Serpiano (oben) verbindet das Tessiner Dörfchen gegenüber dem Damm von Melide mit der 655 m ü. M. liegenden herrlichen Waldgegend am Monte San Giorgio. So klein die Kabinen sind – sie befördern im Jahr über 50 000 Gäste nach Serpiano. Ein Restaurant mit Panoramaterrasse lädt zum Verweilen ein. Kombinierte See–Berg-Fahrt-Billette von Lugano aus!

Melide. Zehn vierplätzige Kabinen schweben an Hochbetriebstagen am Umlauftragseil der Luftseilbahn Melide–Carona berg- und talwärts (unten). Bergziel ist das 582 m ü. M. liegende pittoreske Tessiner Dorf Carona am südlichen Höhenzug des Monte San Salvatore. Ein Spaziergang durch schattige Kastanienwälder führt nach Madonna d'Ongero (wunderschöne Freskenmalereien aus der Barockzeit) oder in einer Stunde zur idyllisch gelegenen ehemaligen Klosterkirche S. Maria di Torello.

Berner Oberland

Es ist eine Landschaft fast wie aus dem Bilderbuch, die uns die Natur hier hinterließ, als sie vor Jahrmillionen die Kette der Alpen auffaltete. Einiges von der gewaltigen Kraft, mit der hier «gearbeitet» wurde, läßt sich noch erahnen, wenn man heute als Wanderer oder Skifahrer die mächtigen Erhebungen des Berner Oberlandes bewundert.

Im Schatten der Viertausender

Unerhört abwechslungsreich präsentiert sich diese Gegend, in der sich malerische Dörfer tief an die Berge ducken, wo die eiszeitlichen Gletscherwanderungen kleine Alpenseen schufen, die sich geradezu als Postkartenmotiv anbieten, und wo alles überragt wird von den Ehrfurcht einflößenden weißen Hauben der Gebirgsriesen.

Der Gedanke, dieses Gebiet möglichst vielen Leuten auf möglichst bequeme Art zugänglich zu machen, tauchte Ende des 19. Jahrhunderts auf und nahm allmählich Form an zu einer Zeit, als erst ein paar Bergsteiger das Berner Oberland wirklich kannten. Die Jahrhundertschwelle war das Startzeichen für den Baubeginn von Bergbahnen. Die Fundamente für die größten Bauwerke dieser Art, etwa für die Jungfraubahn, wurden noch vor der Wende zu unserem Jahrhundert gelegt.

Aus Bergdörfern werden Kurorte

Es war, im übertragenen Sinn, tatsächlich so, daß eine Bergbahn die andere nach sich zog. Man war nicht lange neidisch auf das Nachbardorf, das schon stolz seine eigene Bahn vorzuzeigen hatte; schließlich hatte man ja selber auch einige Hügel vor dem Haus, und Geld war leicht aufzutreiben, weil der aufkommende Tourismus Aussicht auf Gewinn bot.

So begann die Erschließung dieses schönen Gebiets. Bald genügten die einfachen Skilifte nicht mehr, und man ersetzte sie durch Gondeln. Konnten auch diese den Ansturm nicht mehr bewältigen, blieben immer noch Stand- oder Luftseilbahnen. Auf diese Weise kam das heute bestehende Großangebot an Tal–Berg-Verbindungen zustande, das es einem fast schwer macht, etwa bei einem kurzen Ausflug ins Berner Oberland die «richtige» Bergbahn auszuwählen.

Manche Bergbahnen sind so gelungen und ihre Streckenführungen so interessant, daß sie längst weit mehr als einfache Transportmittel von der Tal- zur Bergstation, sondern selber zu Attraktionen geworden sind. Auf solchen Bahnen werden Fahrten zu unvergeßlichen Erlebnissen, die sich vor allem im Berner Oberland durch den Besuch eines der vielen gemütlichen Bergrestaurants prächtig abrunden lassen.

Stationen der «Einkehr»

Im Berner Oberland weiß man, was man seinen Gästen vorzusetzen hat, und so kommt es, daß kaum eine nennenswerte Station auf dem Weg nach oben ohne Gasthaus geblieben ist. Immer eingedenk der Tatsache, daß nicht alle Bergbahnfahrer reine Asketen sind und daß gerade wir Schweizer unsere Ausflüge gern mit einer «Einkehr» krönen, entstanden an den Haltestellen und vor allem an den Zielorten der Bergbahnen Bewirtungsbetriebe, deren Spannweite von der schlichten Imbißstube über das «heimelige» Bergrestaurant im Chalet-Stil bis zur hochalpinen Luxusherberge reicht, die auch höchsten Ansprüchen genügt.

Das macht das Berner Oberland auch für Leute interessant, die mit Wintersport wenig im Sinn haben und für die das Wandern eine eher ungewöhnliche Fortbewegungsart ist. Jedem das Seine – dieser schöne Grundsatz läßt sich im Berner Oberland leicht verwirklichen. Hier kann sich selbst wohl fühlen, wer auch Rebhänge zu den Naturschönheiten rechnet und wer die Natur am liebsten bei einem Glas Wein durch die Scheiben eines gemütlichen Restaurants betrachtet. Und gerade diese Rundsichten auf die umliegende Bergwelt, auf schneebedeckte Kuppen und vereiste Grate, auf sanft gewellte Alpweiden und schroffe Felszacken, auf imponierend wetterfeste Bergwälder und blumenübersäte Wiesen gehören zu den eindrücklichsten Erlebnissen, die das Berner Oberland zu bieten hat.

Kleine Scheidegg. Für die grün-beigen Züge der Wengernalpbahn ist dies die Endstation (links); von hier aus übernimmt die Zahnradbahn Kleine Scheidegg–Jungfraujoch die Drei-Berge-Fahrt durch die gewaltigen Massive von Eiger, Mönch und Jungfrau. Den ersten Anstieg schafft die Bahn entlang von saftigen Alpweiden (oben), ehe sie nach 1900 Meter Fahrt auf dem 240 Meter höher gelegenen Eigergletscher anlangt. Der zweite Abschnitt leitet zur Eigerwand, wo die Bahn auf einem Meter Fahrt 25 Zentimeter Höhe gewinnt (Steigung 25%). Ursprünglich war geplant, die 1898 gebaute Linie auf den Eiger zu führen, was technisch wohl leichter gewesen wäre als die Bezwingung des Jungfraujochs. Man dachte Ende des letzten Jahrhunderts gar an einen Gipfelsturm, doch dagegen sprachen einige Gründe: Zum einen wird auf der stolzen Viertausenderin die Luft allmählich zu dünn, zum anderen wäre eine Luftseilbahn nicht in der Lage, bei einem Wettersturz bis 4000 Personen zu Tal zu bringen.

Jungfraujoch. Nach mühevoller Fahrt durch die drei Berner Oberländer Bergriesen Eiger, Mönch und Jungfrau erreicht die Zahnradbahn Kleine Scheidegg–Jungfraujoch ihren Zielort, auf 3454 Metern den höchstgelegenen Bahnhof Europas. 9,3 Kilometer Fahrt hat die Bahn an dieser Stelle hinter sich und dabei einen Aufstieg von 1395 Metern bewältigt. Über sieben Kilometer legt die Jungfraubahn hinter Fels zurück, in Tunnels und über Galerien. Auf halber Strecke etwa ist der Stollen, den die Bahn auf ihrer Eiger- durchquerung befährt, gut vier Meter hoch und vier Meter breit – um die Jahrhundertwende eine Meisterleistung, denn damals besaß noch niemand solche Bergerfahrung. Die Jungfraubahn war wirklich eine Pioniertat, weil noch nie ein so langer Tunnel so steil nach oben gezogen worden war. Meter um Meter mußten die Streckenabschnitte Kleine Scheidegg–Eigergletscher–Eigerwand–Eismeer–Jungfraujoch in den Berg gesprengt werden, damit nach dem Willen ihres Schöpfers Adolf Guyer «Tausende an die Schönheiten

des Hochgebirges» herangeführt werden konnten. Tatsächlich sind an schönen Tagen bis zu 4000 Gäste auf dem Joch unter der Zinne der Jungfrau. Gewaltig und atemberaubend ist von hier der Ausblick auf das weltberühmte Skigebiet Lauberhorn, auf die zum Greifen nahen Zacken von Jungfrau, Eiger und Mönch sowie der benachbarten Walliser Berge und auf den größten alpinen Eisstrom Europas, den Großen Aletschgletscher. Neben dem großartigen Ausblick hat aber der Bahnhof mit dem höchsten Niveau in Europa noch andere Sehenswürdigkeiten vorzuzeigen: Auf dem Jungfraujoch wurde schon in den zwanziger Jahren eine astronomische Forschungsstation eingerichtet. Beliebt geworden sind die Fahrten auf Schlitten, die von Polarhunden über den ewigen Schnee des Eigergletschers gezogen werden. Als weitere Attraktion neben dem Gletscherrestaurant wurde 1934 20 Meter unter Tag der berühmte Eispalast geschaffen, wobei als Rohmaterial für Wände und Möbel der Gletscher herhalten mußte.

Stechelberg. An der Luftseilbahn Stechelberg–Schilthorn (vorhergehende Doppelseite) hat sich 1968/69 «im Geheimdienst Ihrer Majestät» schon James Bond zu schaffen gemacht, und vom Glanz der großen Welt ist einiges geblieben an dieser längsten Seilbahn der Alpen. Die fast sieben Kilometer lange und eine halbe Stunde dauernde Fahrt beginnt bei Stechelberg auf 867 m ü. M. Erste Station auf dem Weg nach oben ist das Bergdorf Gimmelwald. Über Blumenmatten wird die eigentliche Zentrale im autofreien Kurort Mürren auf 1600 Metern erreicht. Auf ihrem weiteren Berggang überqueren die fünf großen Kabinen den Schiltgrat und machen noch einmal Station bei Birg auf 2677 m ü. M., wo eine erste Sonnenterrasse weite Einblicke in die Berner Oberländer Bergwelt gewährt. Wer Glück und einen guten Feldstecher hat, kann von hier Gemsen und Steinböcke beobachten. Auf dem letzten Teilstück verkehrt nur noch eine einzige Kabine, doch mit 100 Plätzen ist sie fassungsfreudig genug, auch einen Großandrang zum «Piz Gloria» hinauf zu bewältigen. Das durch «007» in aller Welt bekannt gewordene Restaurant (oben) auf der Schilthornspitze bietet während eines Mittagessens ein Bergpanorama, das vom Jura über Innerschweiz, Berner Alpen und Mont-Blanc-Massiv bis nach Savoyen reicht – und dies alles ist ohne Stühlerücken zu bewundern, denn «Piz Gloria» (2970 m ü. M.) kreist in 50 Minuten um die eigene Achse.

Mürren. Etwas im Schatten der mondänen Luftseilbahn aufs Schilthorn klettert das Züglein der Standseilbahn Mürren–Allmendhubel (rechts) seinen steilen Weg nach oben. Mit immerhin 3,3 Metern in der Sekunde bezwingt es Steigungen von 61% und legt auf der Kurzstrecke von 536 Metern stattliche 258 Höhenmeter hinter sich. Der geruhsame Aufstieg der fast nostalgisch anmutenden Bergbahn beginnt auf 1649 Metern und führt über Alpweiden hinweg zur Bergstation auf 1907 m ü. M.

Wilderswil. Gleich unter den drei mächtigen Berner Oberländer Wahrzeichen kämpft sich die gemütliche Zahnradbahn Wilderswil–Schynige Platte (oben) auf kurvenreicher Linie hinauf. Beim Dorfausgang von Wilderswil auf 584 Metern beginnt ihre Fahrt, die im ersten Teilstück durch voralpine Wälder zur Hochebene der Schynigen Platte führt. Breitlauenen, 1542 Meter hoch gelegen, ist die einzige Haltestelle auf der 7,2 Kilometer langen Fahrt, bei der exakt 1400 Höhenmeter überwunden werden. Die Höhe der Bergstation auf 1967 m ü. M. nimmt sich zwar im Vergleich mit anderen Bergbahnen der Jungfrauregion bescheiden aus, doch bieten sich auch von der Schynigen Platte, einer Vorstufe zum 400 Meter höheren Männlichen, hübsche Ausblicke. Nicht nur bergwärts lohnt der Blick auf Wetterhorn, Schreckhorn, Eiger, Mönch und Jungfrau; auch wer talwärts schaut, bekommt einiges zu sehen. Von fern schimmern die beiden Platten von Thunersee und Brienzersee mit ihrem Mittelpunkt Interlaken herauf, und von Westen grüsst das Schilthorn herüber. Die Endstation auf der Schynigen Platte ist zugleich Ausgangspunkt für zahlreiche Wanderungen in der angenehmen Höhenlage von knapp unter 2000 Metern. Wer sich ostwärts wendet, erreicht über Burglauenen und Schwendi kurz vor Grindelwald den Sattel zwischen Faulhorn, Sägistalseelein und Bachalpsee, zwei idyllischen Voralpenseen. Doch auch wer am Ort bleibt, kommt auf seine Kosten. Die Schynige Platte hält ein hübsches Berghotel für ihre Gäste bereit, und wer einmal bestaunen möchte, was die auf den ersten Blick so kargen Bergwiesen an Blumenreichtum bieten, kann sich im Alpengarten umsehen, wo 500 seltene Pflanzen gehegt, gepflegt und vor dem Aussterben gerettet werden.

Grindelwald. Die Gondelbahn Grindelwald Grund–Männlichen ist mit einer Gesamtlänge von 6,3 Kilometern die längste ihrer Art in Europa. Ihre 220 Vierergondeln starten etwas außerhalb des berühmten Gletscherdorfes auf 943 m ü. M. und schweben im ersten Streckenabschnitt über prächtige Fichtenwälder hinweg (ganz links). Auf diesem ersten Teil der luftigen Reise werden auf einer Fahrt von 3,2 Kilometer Länge 683 Meter Höhendifferenz überbrückt (stärkste Steigung: 55%). Die Antriebsmaschinen befinden sich an der Mittelstation «Hohler Stein», von wo die Gondeln den endgültigen Aufstieg zur Bergstation auf 2235 m ü. M. beginnen. Etwas über drei Kilometer mißt dieser zweite Abschnitt (links), der über die Baumgrenze hinaus zum Männlichen hochführt, und dabei werden Steigungen bis zu 50% bewältigt. In knapp 30 Minuten hat diese moderne Gondelbahn total 1300 Höhenmeter hinter sich gebracht und ihre Fahrgäste zum Ausgangspunkt einer neun Kilometer langen Skiabfahrt geschafft.

Meiringen. Die Luftseilbahn Meiringen–Hasliberg-Reuti (nächste Seite) verbindet das Berner Oberländer Dorf mit seinem Hausberg, dem Ski- und Wanderzentrum Hasliberg, das zwischen den Alpenübergängen Brünig, Grimsel und Susten gelegen ist. Nach nur fünfminütiger Fahrt erreichen die Kabinen das 470 Meter höher gelegene Reuti, einen Startort für Wanderungen zu den Naturschönheiten dieser Gegend, etwa zur nahen Aareschlucht, zum Freilichtmuseum Ballenberg oder zur Weißfluh. Von Reuti aus steht dem Wanderer auch das ganze Hasliberggebiet offen; eine Route führt über Goldern und Wasserwendi zur Hohfluh, und wo die Luftseilbahn endet, führen Gondeln weiter.

Hasliberg. Wo die geräumigen Kabinen der Luftseilbahn Meiringen–Hasliberg-Reuti (links) ihre Endstation erreichen, schließt sich nahtlos die Gondelbahn Reuti–Mägisalp (ganz oben) an. Nach anderthalb Kilometer Schwebefahrt über Wälder und Wiesen wird Bidmi erreicht, und von dort gleiten die Gondeln einen etwa gleich langen Abschnitt zur Mägisalp hoch. Die total fast drei Kilometer lange Strecke, bei der 643 Meter Höhendifferenz überwunden werden, wird in einer knappen Viertelstunde geschafft. Die Mägisalp auf 1708 m ü. M. ist Talstation für den über zwei Kilometer führenden Sessellift Mägisalp–Planplatten (oben). Von diesem 2245 m ü. M. gelegenen Aussichtspunkt weitet sich die Sicht auf Sustenhorn, Titlis und den Rosenlauigletscher.

Brienz. Ein Bild wie aus der guten alten Zeit: Eine Dampflokomotive der Zahnradbahn Brienz–Brienzer Rothorn (links) schiebt den Wagen auf ihrer 7,6 Kilometer langen Fahrt den Berg hoch. Am Rothorn ob dem Holzschnitzerdorf Brienz hat sich eine der letzten dampfbetriebenen Bergbahnen Europas bis in unsere Zeit hinein halten können. Überwältigend ist der Blick von der 2244 m ü. M. gelegenen Bergstation über den Brienzersee hinweg zur gegenüberliegenden Kette der Berner Oberländer Alpenriesen.

Mülenen. Respektable Steigungen bis 68% erklettert die Standseilbahn Mülenen–Niesen Kulm (oben) auf ihren 3,5 Kilometer langen Wegen aus dem Kandertal heraus über die Zwischenstation Schwandegg (1669 m ü. M.) auf den beliebten Aussichtsberg Niesen. Nur eine knappe halbe Stunde benötigt die Niesenbahn, um die Höhendifferenz von 642 Metern zu bewältigen. In der Rundschau vom Kulm (2362 m ü. M.) sind Pilatus, Urirotstock, die Schreckhörner, Dent-Blanche und Wildstrubel zu sehen.

Kandersteg. Der Sessellift Kandersteg–Oeschinen (links oben) eröffnet den Weg ins Ski- und Wandergebiet rund um den Oeschinensee, hinter dem sich das mächtige Massiv der Blüemlisalp (3667 m ü. M.) türmt und seine weißen Zungen bis fast ans Seeufer schiebt. Die Sessel gleiten über steinige Alpwiesen auf einer Strecke von 1,4 Kilometer Länge und mit einer Höhendifferenz von 500 Metern hinauf in eine Gegend, die mit Abfahrtspisten, Langlaufloipen und Höhenwegen gut erschlossen ist.

Kandersteg. Zur Gemmi hoch, dem alten Übergang vom Bernischen ins Wallis, an dem sich schon die alten Römer abmühten (links unten), führt heute die Luftseilbahn Kandersteg–Stock-Gemmi (oben). Auf einer Fahrt über 1,6 Kilometer bewältigt sie einen Aufstieg von 625 Metern. Das Sunnbühl, ein Zentrum für Wintersport und in der schneefreien Zeit ein Wandergebiet im Schatten von Balmhorn, Altels und Rinderhorn, ist von der Bergstation aus in einer halben Stunde zu erreichen.

Erlenbach. Ruhig gleitet die Kabine der Luftseilbahn Erlenbach–Stockhorn über den romantischen Hinterstockensee, in dem ab Sommerbeginn gefischt werden darf. Das ist durchaus nicht das einzige Vergnügen entlang dieser abwechslungsreichen Bergbahnlinie, die nach der Talstation (728 m ü. M.) einen ersten Halt kurz vor dem Bergsee beim Restaurant Chrindi macht. Nach total 1411 Meter Höhendifferenz ist die Bergstation etwas unterhalb des Stockhorngipfels erreicht, wo sich auf etwas über 2000 Meter Höhe ein 65 Kilometer langes Netz von Wanderwegen verzweigt. Einer der reizvollsten ist sicher der Pfad zum anderen Bergsee dieser Gegend, zum Oberstockensee. Wer kurz vor dem See abzweigt, gelangt über die obere Walalp und den Leiternpaß in gut vier Stunden zum Berghaus Gurnigel. Die Bergstation selbst hält auch ein Restaurant bereit, vor dessen Fenstern sich ein Panorama vom Montblanc bis zum Säntis, vom Jura bis zum Mittelland, vom Schwarzwald bis zu den Vogesen weitet.

Zweisimmen. So bunt wie Ostereier und ähnlich in der Form sind die Zweiergondeln der Gondelbahn Zweisimmen–Rinderberg (ganz oben). Auch wenn die hübschen Dinger fast wie Spielzeuge anmuten, so war doch gerade diese Bahn zur Zeit ihres Baus (1957) die längste ihrer Art in Europa. Sie führt über eine Strecke von über fünf Kilometern, wobei eine Höhendifferenz von 1060 Metern überwunden wird. Die Bergstation (2080 m ü. M.) liegt am Höhenweg nach Horneggli, das knapp drei Stunden entfernt ist.

Saanenmöser. Selbst unter Bergbahnen, die ja immer den geografischen Gegebenheiten angepaßt werden müssen, nimmt sich dieses Gefährt (oben) sehr seltsam aus. Die Kabine, die hier an starken Drahtseilen den Berg hinaufgeschleppt wird, ist der Funischlitten Saanenmöser–Hornberg, der immerhin pro Stunde 330 Personen ins Ski- und Wandergebiet zwischen Rinderberg und Hornfluh bringt und auf der 2,7 Kilometer langen «Schlittenfahrt» stattliche 550 Höhenmeter bezwingt.

Lenk. Der Betelberg wird durch zwei aneinandergekoppelte Bergbahnen erschlossen. Das erste Teilstück wird von der Gondelbahn Lenk–Stoß (oben) befahren. Über Bergwälder hinweg können 1000 Passagiere pro Stunde zur vordersten Kuppe des Betelbergs gebracht werden. 1630 Meter mißt diese erste Sektion, auf der die sechseckigen Gondeln 537 Meter hoch zu steigen haben. Die Bergstation, an die lückenlos die Gondelbahn zum Leiterli hinauf anschließt, liegt auf 1640 m. ü. M.

Stoß. Überragt vom gewaltigen Firn des Wildstrubels, startet die zweite Sektion der Lenk–Betelberg-Verbindung als Gondelbahn Stoß–Leiterli (rechts). Ihre Streckenführung mißt exakt zwei Kilometer und verläuft erheblich flacher als der erste Abschnitt, nämlich mit einer Höhendifferenz von 307 Metern. – Wie gut die Region Lenk vor allem für Wintergäste erschlossen ist, zeigt sich an einigen Zahlen: 50 Bergbahnen schaffen es, in der weißen Saison pro Stunde 30 000 Personen zu Berg zu bringen!

Lenk. Erstaunlich, wie der weiße Segen ein ganzes Gebiet verändern kann! Zwei Bilder, beide aus demselben Blickwinkel, aber zu verschiedenen Jahreszeiten aufgenommen, zeigen die «Begabung» des Schnees als Landschaftsgestalter. Während die Luftseilbahn Lenk–Metsch auf dem oberen Bild über harmlose, sommerlich-sanfte Matten dahinzugleiten scheint, wirken die weiß umrandeten Konturen auf der untenstehenden Aufnahme viel härter; die Bergkämme, die auf dem «grünen» Bild hügelig und gewellt erscheinen, muten schneebedeckt erheblich schroffer an. Plötzlich wird einem klar, wie der Wald eine Landschaft gliedern und prägen – ja ihr ein Gesicht geben kann! Für ein Vorgebirgsdorf wie Lenk ist sein Wald natürlich besonders wichtig, denn in dieser Höhenlage hat der Wald die wichtige Funktion, die Schneedecke zusammenzuhalten, sie nicht abreißen zu lassen. So bilden die Waldteile über Lenk einen natürlichen Schutzwall gegen Lawinen. Glücklicherweise waren die Lenker früherer Zeiten klug genug, weite Teile des Waldes stehen zu lassen und von seinen nützlichen und schützenden Eigenschaften zu profitieren. So bleibt den Lenkern von heute erspart, was an manchen anderen Orten für Hunderttausende von Franken und in häßlichem Beton an den Berg geklotzt werden muß, nämlich künstliche Lawinenverbauungen. Lenk hat noch weitgehend Natur vorzuzeigen, und betrachtet man die unterschiedliche Auslastung der Kabinen auf den beiden Bildern, dann scheint es fast, als ob die winterliche Natur populärer wäre. Tatsächlich ist die Region von Lenk für Wintersportler außerordentlich gut erschlossen. Neben der Luftseilbahn verkehren zwei Gondelbahnen, ein Sessellift und sieben Skilifte allein im engeren Umkreis von Lenk; nimmt man das Berner Oberländer Bergdorf als Zentrum eines Großraums, sind es gar 50 Bergbahnen, die in der Gegend verkehren und Sonnenhungrige und Wintersportler auf die umliegenden Berge bringen. Die Bergbahnen im Metschgebiet können in Spitzenzeiten fast 10 000 Gäste ins Gebirge fahren, wo sich nahezu 40 Kilometer präparierte Pisten anbieten.

Hauptzubringerin zu diesem 400 Meter oberhalb von Lenk gelegenen «Skizirkus» (Eigenwerbung) ist natürlich die Luftseilbahn, die von der Station Rothenbach aus startet. Die geräumigen Kabinen führen pro Stunde 1200 Personen von der Startrampe auf 1068 m ü. M. in einer 970 Meter langen Fahrt zum Berghaus Metsch hinauf. 500 Gäste kann das Restaurant in seinen Räumen und auf seiner Sonnenterrasse beherbergen und ihnen fast in Griffnähe ein großartiges Panorama vorzeigen, das sich vom Groß-Lohner über die ewig verschneiten Spitzen von Rinderhorn, Wildstrubel, Gletscherhorn und Rohrbachstein bis zum Wildhorn zieht. Doch nicht allein die vereisten Grate und die schneebedeckten Höhenzüge, nicht nur das Großangebot an winterlichen Vergnügungsmöglichkeiten machen den Reiz dieser zerklüfteten Gegend aus; wer eher Ruhe als Rummel sucht, findet hier im Sommer eine Fülle von gut ausgebauten Wanderpfaden und Höhenwegen. Gerade im Dreieck Lenk–Metsch–Adelboden kann man auch in der schneefreien Zeit vom umfassenden Angebot der Bergbahnen in dieser Gegend profitieren und eine Route planen, die sowohl Bergbahnfahrten wie Bergwanderungen einbezieht. Eine dieser Sommertouren könnte etwa in Lenk starten, mit der Luftseilbahn zum Berghaus Metsch führen, von dort aus zu Fuß weiter zu den Simmenfällen am Metschberg, dann hinunter zum Bühlberg und mit dem Postauto zurück nach Lenk. Das ist nur eine einzige der fast unzähligen Möglichkeiten, die sich in einer Gegend eröffnen, in der für Phantasien keine Grenzen gesetzt sind. Man kann diese Landschaft, die zwischen den riesigen Sockeln von Altels und Rohrbachstein liegt, tatsächlich als weißes Hochland mit einer Fülle von Wintersportmöglichkeiten betrachten; man kann sich aber auch an der sommerlich stillen Natur erfreuen, an verträumten Seen, zerklüfteten Tälern, seltenen Pflanzen und Tieren und den gewaltig sich hochtürmenden Gebirgsriesen, die diese schöne Landschaft einrahmen.

Adelboden. In sanfter Neigung – nur 243 Meter Höhendifferenz bei einer Streckenlänge von 1475 Metern – zieht sich die Gondelbahn Geils–Hahnenmoos (links) bergwärts. Zwischen dem Adelbodner «Vorposten» Geils (1707 m ü. M.), der mit dem Postauto zu erreichen ist, und der Bergstation verkehren 82 Vierergondeln, die bei einer Fahrzeit von acht Minuten (3,5 m/s) in Spitzenzeiten 1200 Personen auf die etwas unter 2000 Meter liegende Zielstation Hahnenmoos bringen können.

Adelboden. Die ins Bergland vorgeschobene Talstation der Luftseilbahn Birg–Engstligenalp (oben) ist zu Fuß in einer halben Stunde von Adelboden aus zu erreichen. Die Bahn verläuft in zwei Abschnitten, von denen der erste 1191 Meter mißt und 559 Meter Höhendifferenz aufweist, der zweite 1214 Meter bei gleichem Gefälle. Die Engstligenalp, Sömmerungsplatz für Hunderte von Kühen, ist eingebettet in einen Halbkreis, den die majestätischen Alpenzacken wie Wildstrubel und Steghorn bilden.

Beatenberg. Von der Talstation über dem Ufer des Thunersees gleiten die 90 Doppelsessel der Sesselbahn Beatenberg–Niederhorn in zwei Sektionen zu ihrem Zielort hinauf. Der erste Abschnitt führt über eine Strecke von 1,4 Kilometern, auf der 422 Höhenmeter überwunden werden. Das zweite Teilstück mißt 1183 Meter bei einer Höhendifferenz von 366 Metern. Die gesamte Fahrzeit zur 1949 Meter hoch gelegenen Bergstation dauert 16 Minuten, ehe sich vom Niederhorn ein Ausblick auftut auf den See und die eindrucksvolle Kulisse am gegenüberliegenden Ufer, die Einsicht gewährt bis nach Les Diablerets, bis zu Wildhorn, Blüemlisalp, Eiger, Mönch, Jungfrau, Finsteraarhorn und Sustenhorn – in der Tat ein grandioses Panorama! Das Niederhorn selber bietet neben seiner Südlage und seinem daher milden Klima ein 30 Kilometer langes Netz von Wanderwegen, das sich knapp über der Baumgrenze verzweigt und das durch Postauto- und Bergbahnverbindungen ergänzt wird.

Nordwestschweiz/Westschweiz

Eine der schönsten Alpenfahrten führt vom Genfersee ins Simmental. So berühmt die Chemin de fer Montreux–Oberland bernois ist: ans Welschland denkt man nicht in erster Linie, wenn von attraktiven Bergfahrten die Rede ist. Warum eigentlich nicht? Die Zahnradbahn auf die Rochers-de-Naye ist ein ebenso kühnes Bauwerk und das Ziel ebenso reizvoll wie jenes der Rigibahnen. Die Luftseilbahnen auf den Glacier des Diablerets gehören zu den imposantesten Anlagen in den Schweizer Alpen, deren dritte Sektion sich, schwindelerregend schön, stützenlos 1705 Meter vom Tête-aux-Chamois hinüberschwingt zur Bergstation unterm Gipfel des Scex-Rouge (2970 m ü. M.). Die Bergbahnerlebnisse im Waadtländer Oberland sind nicht kleiner als im Engadin und Berner Oberland; sie liegen dem Deutschschweizer nur nicht so direkt am Weg.

Die Bilder auf den folgenden Seiten zeigen, daß die Waadtländer Alpen und das Greyerzerland nicht nur verlockend schön sind, beide bieten auch dem verwöhnten Bergbahnfan, Skifahrer und Wanderer alles, was seine Leidenschaft erwartet.
Die nächstfolgenden Seiten mit Bildern von zwei Bergbahnen in der Nordwestschweiz vermitteln ein vergleichsweise karges Ausflugserlebnis: begreiflicherweise. Der Jura hat jedoch auch seine Schönheit. Er kann nicht mit Luftseilbahnen renommieren, die über Gletschern oder unterm ewigen Schnee berühmter Viertausender enden. Bescheiden nimmt er für sich in Anspruch, daß er mit seinen Bergbahnen den Blick auf sanfte Höhenzüge, in grüne Täler vermittelt – und den Ausblick über das ganze Mittelland hinweg zum grandiosen Alpenkranz.

Oberdorf. In zwei Sektionen führt die Sesselbahn Oberdorf–Weißenstein aus dem Mittelland 626 Meter in den Jura hinauf (vorhergehende Seite). Die Sonnenterrasse Weißenstein blickt über das schweizerische Mittelland hinüber zur gewaltigen Alpenkette zwischen Säntis und Montblanc. Oberdorf, der Ausgangspunkt der Sesselbahn, die seit 1950 in Betrieb ist, wird mit der Bahn von Solothurn oder Moutier aus erreicht. Der Straßenbenützer trifft von Solothurn her ein. 118 überdeckte, zweiplätzige Sessel schweben mit 40 Meter Abstand durch würzige Jurawälder. Die erste Sektion bis zum Nesselboden trägt die Gäste über 21 Stützen und 1,6 Kilometer von 661 auf 1064 m ü. M.; die zweite, kürzere Sektion mit zehn Stützen transportiert dieselben Sessel auf die 1280 m ü. M., wo inmitten blumiger Weiden und in lichten Wäldern Spazierwege auf den Gast warten. Berg-, Kur- und Gasthäuser sorgen dafür, daß keiner verhungert oder verdurstet, der auf den Jurahöhen über Solothurn Erholung von der Hast des Alltags sucht.

Nods. Die Talstation der Sesselbahn Nods–Chasseral (unten und rechts) liegt hinter der ersten Jurahöhe zwischen dem Bielersee und dem Höhenzug des Chasseral. Über fast drei Kilometer spannt diese Bahn mit ihren 160 festen Sesseln, die also auch unbesetzt berg- und talwärts schweben, eine bequeme, luftige Verbindung von 882 m ü. M. auf die 1549 Meter hoch liegende Chasseralhöhe. Die Fahrgeschwindigkeit ist wie bei den meisten Sesselbahnen klein: zwei Meter je Sekunde. Verglichen mit einer Fahrt auf den schnellen Schwebebahnen, die mit maximal zehn Metern in der Sekunde betrieben werden dürfen, eine gemütliche Bergfahrt also. Während der 90 Wintertage, an denen die Chasseral-Schwebebahn in Betrieb ist, transportiert sie 8000 Gäste; an den 135 Sommerbetriebstagen hingegen befördert sie doppelt so viele, nämlich 16 000, in die aussichtsreiche Höhe.

Moléson-Village. Die beiden Bahnen, die das Dorf Moléson (über Bulle gelegen) mit dem Molésongipfel verbinden, teilen sich auf ungewöhnliche Art in diese «Arbeit»: Die erste Etappe besteht aus der Luftseilbahn Moléson Dorf–Plan-Francey, die eigentlich nicht Kabinen aufweist, sondern «Stehkörbe», die leuchtend rot angestrichen über grüne Greyerzerland-Matten auf 1523 m ü. M. hinaufschweben (rechts). Diese leichtgewichtige Anlage von 1,3 Kilometer Länge und mit Umlaufbetrieb (35 lösbare Viererkabinen) besorgt also ungewöhnlicherweise den Transport auf der ersten Wegstrecke. Sie wird für die zweite Wegstrecke abgelöst von einer veritablen Luftseilbahn Plan-Francey–Le Moléson, bestehend aus zwei Kabinen mit je 35 Plätzen (oben). Die beiden Bahnen, die 1963/64 eröffnet wurden, haben fast dieselbe Kapazität. Obwohl das «Stehkorb»-Bähnchen bei voller Besetzung 140 Personen faßt und die Gipfelbahn nur 70, gleicht diese ihr Platzzahlmanko durch höhere Geschwindigkeit aus.

Rougemont. Das hervorstechende Merkmal der Luftseilbahn Rougemont–La Videmanette (links) bleibt in Erinnerung: Sehr steil hinauf steigen die vierplätzigen Kabinen. Aus dem Sarinetal (971 m ü. M.) führen die beiden Sektionen den Gast auf den 2140 Meter hohen Gipfel La Videmanette. 3,1 Kilometer lang sind die Seile und überwinden 1169 Meter! Die Bahn ist nicht ganzjährig in Betrieb, sondern nur im Sommer während 90 und im Winter während 115 Tagen.

Château-d'Œx. Aus der Mitte des sich weitenden Sarinetals (1000 m ü. M.) steigt die Luftseilbahn Château-d'Œx–Pra-Perron sanft 258 Meter hoch über das erste weithin sichtbare Felsband des Rocher-du-Midi hinauf. Die 33plätzigen Kabinen (oben) entschweben dem Hauptort des Waadtländer Oberlandes mit einem höhern Ziel, das mit der Luftseilbahn Pra-Perron–La Braye, 320 Meter unter dem 2100 Meter hohen Gipfel des Midi, erreicht wird. Im Winter: ein Paradies für Skifahrer, die es gern gemütlich nehmen!

Villars. Nur jeder 14. Gast der Luftseilbahn Villars–Roc-d'Orsay benützt die 1959 erbaute Anlage im Sommer. Der Grund ist einleuchtend: Ein wahres Skiparadies erwartet den Wintergast auf dem 2000 m ü. M. gelegenen Roc-d'Orsay mit sieben Skilifts, die alle von der Bergstation aus erreichbar sind (vorhergehende Seite). Die 42 lösbaren Kabinen schweben über 24 Zwischenstützen von Villars (1272 m ü. M.) 680 Meter hoch dem sichern Schnee entgegen.

Montreux. Berühmt ist nicht nur die Talstation der Zahnradbahn Montreux–Glion–Rochers-de-Naye, bekannt sind auch die Zwischenstation Caux und natürlich die Bergstation, die – 1598 Meter über dem Genfersee – knapp unter dem Gipfel des Zweitausenders liegt (oben und rechts). Weitere Merkmale: 20 Tunnels, 11 Brücken, 13 Stationen. Die Fahrt führt knapp in einer Stunde dem Berghang entlang zur Aussicht auf das Panorama der Berner, der Walliser und der Savoyer Alpen, auf den tief unten liegenden Genfersee und zum Jura hinüber. Das Berghotel, wo man sich nach einer Wanderung stärken kann, ist während des ganzen Jahres geöffnet. Die Schneeverhältnisse sind in der Regel vom frühen Winter bis in den Frühling hinein gut. Die Bahn ist an 365 Tagen in Betrieb und transportiert im Sommer täglich 960 Personen (Durchschnitt) gipfelwärts; im Winterhalbjahr nimmt der Besucherstrom merklich ab und erreicht insgesamt 114 000 (Tagesdurchschnitt 630) gegenüber fast 180 000 Sommergästen. Die Strecke bis Glion hat eine Länge von 2,7 Kilometern, ein Drittel davon führt durch Tunnels; die Fahrt von Glion zur Bergstation mißt 7,6 Kilometer.

Les Diablerets. Glacier-des-Diablerets, 3000 Meter hoch, ein weißer Naturbalkon, erschlossen durch die kühnste Luftseilbahn der Schweiz (vorhergehende Seite). Von Reusch bei Gstaad oder vom Col du Pillon bei Les Diablerets herkommend, treffen sich die Gäste auf dem Tête-aux-Chamois, von wo aus die letzte Sektion der Diableretsbahnen sich stützenlos (!) über 1705 Meter hinüberschwingt zur 400 Meter höher gelegenen Bergstation. Bereits die Fahrt wird zum unvergeßlichen Erlebnis!

Territet. Mit 632 Meter Länge ist die Standseilbahn Territet–Glion (oben) kurz, gemessen an der längsten ihrer Art in der Schweiz (Sierre–Crans, 2375 Meter erste, 1832 Meter zweite Sektion), aber immer noch beträchtlich länger als die kürzeste (Marzili–Stadt Bern, 105 Meter), und sie überwindet auf der kurzen Distanz immerhin 300 Meter Höhe. Jedenfalls ist die Fahrt in einem der beiden 30plätzigen Fahrzeuge von Montreux hinauf ins 687 m ü. M. liegende Glion ein «steiles Erlebnis». Baujahr 1889!

Wallis

Wenn es Bergbahnen nicht gäbe, hätte man sie für dieses Land der Viertausender erfinden müssen. Tatsächlich liegen sehr viele Naturschönheiten dieser Gegend in Höhenlagen, die zu Fuß nur von geübten Berggängern zu erreichen sind. Heute haben Bergbahnen diese Hochgebirgslandschaft für jedermann zugänglich gemacht.

Es ist eine «wilde» Region, in der sich viel ursprüngliche Natur hat halten können. Nicht sanfte Hügel und Matten prägen hier das Bild, sondern schroffe, manchmal gar furchteinflößende Grate, unendlich scheinende Schneefelder und fast drohend in den Himmel stoßende Eiszacken – und gerade diese ungezähmte Natur gibt dem Wallis viel von seinem Reiz.

Zu den eindrücklichsten Sehenswürdigkeiten gehört sicher der auf dem unteren Bild gezeigte Große Aletschgletscher, der gewaltigste europäische Eisstrom, der noch ahnen läßt, mit welch elementarer Kraft die Natur einst die Alpen schuf, als sie Riesen wie das Matterhorn, den Dom, das Aletschhorn und das Massiv des Monte Rosa hochtürmte.

Doch es sind nicht allein diese Walliser Majestäten, die den drittgrößten Schweizer Kanton so anziehend und zum Ferienparadies machen. Es sind auch die beschaulicheren Schönheiten zwischen dem Lac d'Emosson und dem Rhonegletscher, zwischen dem Jungfraufirn und dem Großen St. Bernhard. Es sind die Blumen einer Alpwiese, ein Spaziergang durch die herrlichen Wälder aus Föhren, Arven und Lärchen, ein Blick zu Tal auf romantische Bergdörfer, eine Gemsherde in freier Wildbahn – es sind auch diese bescheideneren Dinge, die eine Fahrt auf einer der 100 Walliser Bergbahnen lohnend machen.

Fürgangen. Noch 1956 war Bellwald nur zu Fuß erreichbar. Seither jedoch verbindet die Luftseilbahn Fürgangen–Bellwald (oben) das Oberwalliser Bergdörfchen mit dem Tal. Während in den Anfangsjahren noch Viererkabinen die 1440 Meter lange Strecke befuhren, schwingen sich seit 1977 moderne Achterkabinen zur 1560 m ü. M. gelegenen Bergstation hoch. In knapp sieben Minuten werden die 360 Höhenmeter überwunden, die zwischen der Talstation und Bellwald im Herzen der Gommer Alpen liegen.

Betten. Die zwei Großkabinen der Luftseilbahn Betten–Bettmeralp (rechts) mit je 125 Plätzen bringen pro Stunde 850 Personen nach Bettmeralp, auf 1950 m ü. M. im Goms, im obersten Teil des Rhonetals, gelegen. Nur 2432 Meter schräge Länge sind nötig, um die Kabinen von Betten zur 1089 Meter höher gelegenen Bergstation zu führen. Dabei werden Steigungen bis 78% bezwungen, ehe die streckenweise 80 Meter über dem Boden schwebende Kabine nach einer siebenminütigen Fahrt Bettmeralp erreicht.

Fiesch. Nach einer Fahrt über knapp drei Kilometer, bei der 1152 Höhenmeter überwunden werden, erreicht die Luftseilbahn Fiesch–Eggishorn (links) ihre Zwischenstation auf dem Kühboden. Auf diesem ersten Streckenabschnitt hat die Bahn eine ständige Begleiterin: Parallel zur Streckenführung der Eggishorn-Bahn verläuft von Fiesch aus eine zweite Luftseilbahn, die auf dem Kühboden ihre Endstation hat. Von hier aus verzweigen sich einige sehr reizvolle Höhenwege, darunter die Route, die an Bettmersee und Blausee vorbei zum Aletschwald führt. Das zweite Teilstück wird etwas gemächlicher genommen. Über 1838 Meter gleiten die gedrungenen Kabinen zur 654 Meter höher gelegenen Bergstation auf dem «Fast-Dreitausender» Eggishorn empor. Grandios ist die Aussicht, die sich von hier aus öffnet: Auf der Südseite ist über weite Distanz der Lauf der Rhone zu verfolgen, und in nördlicher Richtung liegt einem die vielleicht eindrucksvollste Sehenswürdigkeit der Alpen zu Füßen, nämlich der mächtige Eisstrom des Aletschgletschers.

Mörel. Ein Treffen auf höchster Ebene: Die beiden 80-Personen-Kabinen der Luftseilbahn Mörel–Riederalp (oben) begegnen sich auf ihrer 2,8 Kilometer langen Fahrt über 1141 Höhenmeter an der Ein- und Ausstiegsstelle «Greich». Die Bergstation Riederalp (1920 m ü. M.), die nach einer Fahrzeit von acht Minuten erreicht wird, ist eine Art Sonnenfenster gegen Süden, das Ausblick auf den ewigen Schnee der Walliser Viertausender gewährt. Zugleich starten hier zahlreiche Wanderrouten, von denen die beiden attraktivsten sicher über die Riederfurka zum Aletschwald und über Grate zum Blausee führen.

Blatten. Auf einer Bahnlänge von 1767 Metern bewältigt die Luftseilbahn Blatten–Belalp (oben) eine Höhendifferenz von 763 Metern und führt in der Stunde 390 Fahrgäste hinauf in eine Gegend, von der aus das ganze Aletschgebiet einsehbar ist. Großartig zu sehen, wie sich der riesige Eisstrom seinen Weg zwischen Aletschhorn und Eggishorn bahnt, und eindrücklich ist von der Belalp aus auch der Blick der Massaschlucht entlang bis ins Tal der Rhone. Die Bergstation, im Schatten des Unterbächhorns auf 2086 m ü. M. gelegen, ist Startort für verschiedene Höhenwanderungen. In westlicher Richtung führt ein Bergpfad nach Bel und weiter zum Foggenhorn. Wer noch höher hinaus will, wählt den Anstieg zum Sparrhorn, immerhin ein Dreitausender. Ostwärts führt der Weg über das Oberaletschgebiet und Triest bis ans «Ufer» des gigantischen Meeres aus Eis und Schnee. Imponierend ist auch die Kulisse, vor der sich diese Höhenwege verzweigen. Das Panorama reicht vom Bietschhorn bis zu den Fiescherhörnern.

Saas Fee. «Perle der Alpen» läßt sich das Gletscherdorf stolz und mit einigem Recht nennen, denn tatsächlich liegt Saas Fee in einer muschelförmigen Vertiefung an den Sockeln der umstehenden Bergriesen. Von hier aus schwingt sich die Gondelbahn Saas Fee–Plattjen (vorhergehende Seite) über Lärchen- und Arvenwälder hinweg zum Aussichtsberg Plattjen empor, einem «Treppenabsatz» zum Mittagshorn. 2005 Meter mißt die Linienführung für die schmucken blau-silbernen Gondeln, die auf ihrem Weg nach oben 767 Meter Höhendifferenz bezwingen. Die Bergstation (2570 m ü. M.) bietet einen einmaligen Einblick in die Walliser Bergwelt und auf die Berner Alpen, über den Mattmark-Stausee bis nach Italien. Dominiert wird das Panorama ob Saas Fee von den ehrfurchtgebietenden Viertausendern Strahlhorn, Allalinhorn, Rimpfischhorn, Alphubel, Täschhorn und Dom, die ihre Gletscherzungen bis nahe an die natürlichen Schutzwälle der Bergwälder strecken.

Saas Fee. Hoch über Schneefelder und Eisgrate hinweg gleiten die Kabinen der Luftseilbahn Saas Fee–Felskinn (oben) aus dem Gletscherdorf heraus zur 1152 Meter höher gelegenen Bergstation, die wirklich aussieht, als würde der Berg sein felsiges Kinn energisch vorschieben. In zehn Minuten wird diese vor der Mischabelkette liegende Zielstation nach einer 3650 Meter langen Fahrt erreicht, die einen in rund 3000 Meter Höhe bringt. In solchen Lagen liegt ewiger Schnee; hier kann rund ums Jahr Ski gefahren werden. Wer eher Natur als Sport im Sinn hat, wird sicher einen Blick in den «Gletscherbauch» tun, in die nahe der Bergstation gelegene Eisgrotte. Das Felskinn ist auch Ausgangspunkt einer schwierigen, aber schönen Höhenwanderung, die in ihrem ersten Abschnitt über das Egginerjoch zur Britanniahütte führt und 40 Minuten dauert. Über den Allalingletscher ist das Mattmarkgebiet zu erreichen, wo von der Alp aus über den Stausee und die Täler bis zu den verschneiten «Grenzsteinen» zu Italien zu sehen ist.

Saas Fee. Die Längfluh, mehr als 1000 Meter über dem Gletscherdorf gelegen, wird in ihren beiden Streckenabschnitten von zwei verschiedenen Bahnen bedient. Zubringerdienste zur Mittelstation leistet die Gondelbahn Saas Fee–Spielboden (oben), die auf 2450 Metern schräger Länge 650 Höhenmeter überwindet. Vom Sportzentrum in Saas Fee aus gleiten die Gondeln über den kleinen Bergsee, Wälder und Gletscheralp zum Spielboden auf 2450 m ü. M., wo als Kuriosum und Touristenattraktion handzahme Murmeltiere sich füttern lassen und von wo parallel zum letzten Ausläufer des Feegletschers der Aufstieg zur Längfluh-Hütte beginnt. An die Endstation dieser Gondelbahn schließt sich nahtlos die Talstation für die Luftseilbahn Spielboden–Längfluh an, die auf 950 Meter Streckenlänge 420 Meter hoch steigt. Ihre Kabinen (links) gleiten über Felder aus ewigem Schnee und führen in Regionen knapp unter der Dreitausendergrenze. Die Längfluh, ein markanter, langgezogener Felsvorsprung, der sich unter dem Alphubeljoch weit in den Feegletscher vorschiebt, ist Ausgangspunkt einer (vom Bergführer begleiteten) Gletscherwanderung über das Felskinn zur Eisgrotte und weiter über das Egginerjoch zur Britanniahütte, die etwa $2^1/_2$ Stunden dauert. Das mächtige Felsband der Längfluh ist so etwas wie das Herz der Bergwelt von Saas Fee. Fast fühlt man sich auf dieser steinernen Platte wie auf einem Logenplatz im gewaltigen Amphitheater, zu dem die Natur die gigantische Kulisse schuf. Über das Rimpfischhorn hinweg ist das Massiv des Monte Rosa zu sehen, und in unmittelbarer Nähe türmen sich Alphubel, Täschhorn, Dom und Nadelhorn hoch, und über Bergwälder und das Tal der Vispa grüßen Fletschhorn, Laquinhorn und Weißmies herüber. – Saas Fee hat seine weiße Arena exzellent erschlossen: Außer der Verbindung über Spielboden zur Längfluh gehen weitere zwei Gondelbahnen, eine Luftseilbahn und sechs Skilifte zu Berg.

Saas Fee. Verglichen mit den umstehenden Viertausendern ist der Hannig ein recht harmloser Erdwall. So bringt denn die Gondelbahn Saas Fee–Hannig eher die gemächlicheren Skifahrer in einer 1120 Meter langen und über 520 Meter Höhendifferenz führenden Fahrt auf den Hügel vor Saas Fees Nordwest-Ausgang. Mag auch die Skiabfahrt über die Hannigalp für Sportkanonen etwas zu bescheiden sein, so ist doch die «Auffahrt» lohnend, die über den schlangenförmig verlaufenden Höhenweg und den Stafelwald hinweg führt. In diesem herrlichen Lärchenwald mit seinen zum Teil jahrhundertealten Bäumen verzweigen sich in einer angenehmen Höhenlage zahlreiche Wanderwege, so daß sich der Talgang auch zu Fuß lohnt. Über das ehemalige Feld des Hohbalmgletschers wird der Triftwald erreicht; eine Gratwanderung führt hoch zum Mellig auf 2700 m ü. M., und über das Café Alpenblick ist der idyllische Melchboden zu erreichen, eine Alpwiese, die ganz von einem schützenden Waldsaum umgeben ist.

Zermatt. Die Verbindung zwischen Zermatt und dem Unterrothorn ist dreiteilig. Der erste Abschnitt bis Sunnegga wird wandernd oder mit der Sesselbahn genommen. Zwischen Sunnegga und Blauherd hängt der Himmel voller Gondeln (nächste Doppelseite). Dieser 1250 Meter lange und über 287 Höhenmeter führende mittlere Streckenteil wird von der Gondelbahn Sunnegga–Blauherd bedient. Von Blauherd aus, 2601 m ü. M. gelegen, geht es erheblich steiler empor. Die Luftseilbahn Blauherd–Unterrothorn (oben) führt über 1110 Meter schräge Länge 523 Meter empor. Vom Unterrothorn (3103 m ü. M.) verläuft ein Wanderweg zum 500 Meter tiefer gelegenen Stellisee und zur Fluhalp am Rand des Findelgletschers. Eindrucksvoll ist von der Bergstation natürlich die Sicht auf die Walliser Viertausender. Im Südosten türmt sich der elegante Zermatter Hausberg hoch, das Matterhorn. Über den Theodulgletscher schweift der Blick zum Breithorn, zum Liskamm und schließlich zum mächtigen Massiv des Monte Rosa.

Zermatt. Die Zahnradbahn Zermatt–Gornergrat an ihrem Zielbahnhof: In nur 40 Minuten hat die Zugkomposition ihren 9,3 Kilometer langen Weg über eine Höhendifferenz von 1485 Metern zurückgelegt. Fast wie ein Kastell aus fernen Tagen wirkt das Kulmhotel Gornergrat, die Anlegestelle für diese höchste frei im Gelände angelegte Bergbahn Europas, die hier ihre Endstation auf 3089 m ü. M. gefunden hat. Von Südosten grüßen die weltbekannte schlanke Pyramide des Matterhorns und die gedrungenere Dent-Blanche herüber. 800 Personen pro Stunde werden von der Gornergratbahn zu diesem herrlichen Aussichtspunkt gefahren. Der erste Streckenabschnitt der schon seit 1898 gipfelstürmenden Bahn verläuft dem Waldrand entlang bis zur Station Findelnbach. Wer hier aussteigt, befindet sich am Ausgangspunkt einer Wanderung zur Gornerschlucht unter dem Gletschergarten. Das zweite Teilstück führt über Riffelalp (2222 m ü. M.) und Riffelboden zum Riffelberg (2582 m ü. M). Von dieser Stelle, die übrigens südlicher als

Lugano liegt, gehen Wanderwege zum Riffelsee, in dessen Wassern sich das Matterhorn spiegelt, und zum Unteren Theodulgletscher. An Riffelhorn und Monte-Rosa-Hütte vorbei klettert die Bahn ihre letzte Etappe hoch. Sitzt man auf der Sonnenterrasse des Kulmhotels, so liegt einem, wie ein riesiger Strom aus Schnee und Eis, der Gornergletscher zu Füßen. Wer Alpenglühen nur aus Liedern von der Schulzeit her kennt, sollte hier einmal zusehen, wie die letzten Strahlen der untergehenden Sonne das Matterhorn in rotes Licht tauchen. Eindrucksvoll ist der Kranz der Viertausender, der den Gornergrat, einen Höhenzug zwischen zwei Gletscherströmen, einrahmt. Die Rundsicht reicht vom Monte Rosa über Liskamm, die Zwillinge Castor und Pollux, Breithorn, Matterhorn, Ober Gabelhorn, Zinalrothorn, Weißhorn, Nadelhorn, Dom und Alphubel bis zum Strahlhorn. Wer noch näher an diese Walliser Majestäten herangehen möchte, benutzt die Fortsetzungsbahn vom Gornergrat zum Stockhorn.

Gornergrat. Wo die Zahnradbahn aus Zermatt ihren Aufstieg beendet, wird die Reise ins Reich der Walliser Viertausender durch die Luftseilbahn Gornergrat–Stockhorn (links) fortgesetzt. Fast gemütlich und etwas beschaulich verläuft die 3,2 Kilometer lange Fahrt, bei der die Kabinen «nur» einen Anstieg von knapp 300 Metern zu bewältigen haben. Die Reise vom Matterhorn weg führt im Angesicht von Liskamm und Monte Rosa zur Zwischenstation Hohtälligrat auf 3286 m ü. M. Von dort verläuft die Kabelführung über Schneefelder und Eisgrate, die fast wie Klippen zu den beiden «Meeren» von Findelngletscher und Gornergletscher abfallen. Auf halbem Weg türmt sich vor dem Kabinenfenster die «Rote Nase» hoch, ehe nach der Überfahrt über eine «Talsenke» die Endstation (3407 m ü. M.) auf dem Stockhorn erreicht wird, die gut 100 Meter unterhalb des Stockhorngipfels liegt. Fast zum Greifen nahe liegt hier der mächtigste Schweizer «Grenzstein», das kuppelförmige wuchtige Monte-Rosa-Massiv.

Zermatt. Auf dem ersten Teilstück ihres Anstiegs hat die Luftseilbahn Zermatt–Schwarzsee (vorhergehende Seite und oben) Gesellschaft durch eine parallel geführte Bahn. Nach 1715 Metern Fahrt über eine Höhendifferenz von 225 Metern gabeln sich bei Furi die beiden Kabelführungen. Die «Nachbarin» zweigt ab nach Furgg, während unsere Bahn ihren nun wesentlich steiler werdenden Aufstieg zum Schwarzsee fortsetzt. Von der Mittelstation Furi auf 1864 m ü. M. schwingt sie sich in einer 2160 Meter langen Linie hinauf zum kleinen Plateau des Schwarzsees auf 2584 m ü. M. Dabei überwinden die Kabinen, oft 90 Meter über dem Boden schwebend, Steigungen bis 64%. Rund um den See verzweigt sich ein gut ausgebautes Netz von Wanderwegen. Der interessanteste führt sicher am Theodulgletscher vorbei zur Matterhornhütte, der leichteste über Hermettji und Zum See, über Alpwiesen und Bergwälder zurück nach Zermatt. Dieser ist auch ohne besondere Übung in zwei Stunden zu schaffen.

Zermatt. Bis Furi hat die Luftseilbahn Zermatt–Trockener Steg (vorhergehende Seite und oben) in der Schwarzseebahn eine Begleiterin, dann trennen sich nach einer 1715 Meter langen und über 225 Meter Höhendifferenz führenden Luftreise ihre Wege. Der zweite Abschnitt von Furi nach Furgg führt die 80-Personen-Kabinen in einer 2134 Meter langen Fahrt 568 Meter hoch. Das dritte Teilstück schließlich zieht sich über 1967 Meter, wobei 514 Höhenmeter überwunden werden, ehe die blauen Kabinen am Trockenen Steg auf 2928 m ü. M. anlegen. Hier, unmittelbar am Eismeer-«Ufer» des Theodulgletschers, soll jedoch noch nicht Endstation sein. Die Zermatter haben beschlossen, das Kleine Matterhorn zu erobern, und bereits jetzt (zur Zeit der Drucklegung dieses Buches) sind Bauarbeiten im Gang, um das Plateau Rosa unter dem Gipfel des Kleinen Matterhorns zu erschließen (oben). Schon türmen sich die ersten Masten hinauf zum Berg, der fast ein Miniatur-Abbild des «richtigen» Matterhorns ist.

Leukerbad. Zwei unterschiedliche Bergbahnen mit je 800 Personen Transportleistung je Stunde erschließen das Skigebiet und die sommerliche Ausflugsterrasse unterhalb des Torrenthorns (2997 m ü. M.). Die beiden Bahnen haben eine gemeinsame Bergstation auf 2315 m ü. M. Die Luftseilbahn Leukerbad–Rinderhütte (vorangehende Seite) trägt den Gast in zwei 80 Personen fassenden Kabinen 925 Meter hoch zur Bergstation Rinderhütte oder zurück ins grüne Tal unterm Gemmipaß. Über drei Stützen schwingen sich die Tragseile kühn der steilen Bergflanke entlang. Die Gondelbahn Albinenleitern–Rinderhütte (oben) ist in zwei Sektionen angelegt. Über 17 Zwischenstützen gondeln insgesamt 87 lösbare Kabinen gemächlich hin und her. Vier Skilifte, parallel angelegt, erschließen im Winter die breite Flanke des Torrenthorns. Eine zweite Sektion der Großkabinenbahn soll bald hoch hinauf, knapp unter den Torrenthorngipfel, steigen. Der Winterbetrieb ist die Basis beider Bahnen.

Zinal. Zuhinterst im 22 Kilometer langen Val d'Anniviers (zu deutsch Eifischtal), weit nach der Gabelung unterhalb Ayer, steigt die Luftseilbahn Zinal–Sorebois (oben und nachfolgende Seite) auf 2438 Meter hinauf in die Nähe der Viertausender Weißhorn, Zinalrothorn, Oberes Gabelhorn, Cervin, Dent-Blanche. Nicht nur im Winter, auch im Sommer ist die Nähe dieser weißen Riesen ein Erlebnis. Die Zinalbahn ist bereits seit dem Jahr 1967 in Betrieb. Die 1,8 Kilometer langen Tragseile steigen über drei Zwischenstützen von 1663 m ü. M. 775 Meter hoch in die Nähe des Restaurants Sorebois. Auffallend unterschiedlich ist der Erfolg dieser Zwei-Kabinen-Bahn mit je 80 Plätzen: An den hundert Betriebstagen im Sommer wird sie von rund 13 000 Gästen benutzt; je Fahrt sind die Kabinen durchschnittlich mit 6 Personen besetzt. Im Winter transportiert die Bahn an 124 Tagen fast 120 000 Skifahrer aus dem In- und Ausland in die hochgelegene weiße Arena unter dem Pigne-de-la-Lé, fast zehnmal mehr also als im Sommer.

Grimentz. Wer in einem der doppelplätzigen Fahrzeuge der Sesselbahn Grimentz–Bendolla (rechts) bergwärts schwebt, läßt eines der schönsten Walliser Dörfer hinter sich. Grimentz liegt, wenn man vom Rhonetal, genauer von Sierre, herkommt, rechts im Val d'Anniviers am Eingang zum Moirytal. Die 250-Seelen-Gemeinde ist vom Tourismus nicht entseelt worden. Dunkelbraune Walliser Holzhäuser gruppieren sich um die kleine Kirche (oben). Die Hauptstraße ist für Fußgänger reserviert. Im Sommer schmücken unzählige Blumen die heimeligen Fenster. Seit 1967 führt eine Sesselbahn von 1605 m ü. M. zum 531 Meter höher liegenden Restaurant Bendolla; 1977 wurde die Fortsetzung auf Les Crêts (2324 m ü. M.) eröffnet. Die Jahresstatistik dieser neuen Sesselbahn verrät, wie herrlich der Winter hier hinten im Val d'Anniviers sein muß: 6000 Sommerfahrgästen stehen 178 000 Wintergäste gegenüber. Das mag daran liegen, daß das liebliche Bergdorf im Sommer seine Gäste «bei sich» behält.

Anzère. Die Luftseilbahn Anzère–Pas-de-Maimbré (links) ist der Star der insgesamt zwölf, zum Teil nur bergwärts führenden Anlagen, die den Sonnenbalkon Anzère am rechten Rhoneufer zum Wintersportplatz machen. Acht Skilifts und drei Sesselbahnen ergänzen die bereits 1965 eröffnete Luftseilbahn auf den Pas-de-Maimbré (2363 m ü. M.). 67 Kabinen, die je vier Personen Platz bieten, pendeln je nach Bedarf auf der 2,133 Kilometer langen Seilstrecke hin und her. Über 200 000 Fahrgästen im Winter stehen nur knapp 10 000 im Sommer gegenüber. Das Chaletdorf Anzère ist jedoch nicht nur im Winter ein attraktiver Ferienplatz mit abwechslungsreichen Pisten und Loipen, die durch tiefverschneite Tannen- und Lärchenwälder führen; Anzère bietet dem Sommergast immerhin 35 Kilometer Spazier- und Gebirgswanderwege an.

Crans-Montana. Wer mit der Luftseilbahn Cry d'Er–Bellalui (oben) zum Grat des Tubang (2826 m ü. M.) unterwegs ist, hat zwischen drei Möglichkeiten wählen können, diese 700 Meter über dem Tal liegende Station von Crans oder Montana aus zu erreichen. Die mechanische Erschließung des Skiparadieses am Südhang zwischen Sierre und Sion ist total. Seile von zwei Bahnen und vier Lifts führen zur Relaisstation Cry d'Er, und die 336 Meter höher liegende Endstation Bellalui ist nicht das höchste schwebend erreichbare Bergziel der Region. Von Zaumiau aus führen zwei Seilbahnen über die Zwischenstation Violettes (2208 m ü. M.) auf das 3000 Meter hoch gelegene Plateau Plaine-Morte. Noch ausgeprägter als andere Walliser Täler und Hänge lebt die Bergszene über Crans-Montana vom Wintergast.

Zaumiau. Das ist sie, die Luftseilbahn Cabane-des-Violettes–Plaine-Morte (links und oben). Die Talstation der gelben Kabinen (sie fassen 80 Personen) liegt 2208 m ü. M. und ist von Zaumiau aus in Umlaufkabinen erreichbar. Noch 800 Meter hinauf, am Tubanggipfel vorbei, führt diese 1969 erbaute und 3,2 Kilometer lange Bahn zum Gletscher Plaine-Morte auf 3000 Meter Höhe. Die Legende berichtet, daß Plaine-Morte (die tote Ebene) so fruchtbar war, daß die Sennen mit ihren Buttermotten kegelten. Aber als sie eines Tages einem müden Wanderer die Gastfreundschaft verweigerten, verfluchte dieser die Ebene zur Unfruchtbarkeit. Die Bahn, die im Jahr über 200 000 Touristen befördert, hat die legendäre Hochebene aus ihrem Dornröschenschlaf erweckt. Hier, ganz in der Nähe des Weißhorns, findet der Skifahrer auch Sommerpisten. Die Winterabfahrt nach Crans ist rasant und mißt eine Strecke von 15 Kilometern. Nur-Ausflügler können Sonne und Aussicht in Ruhe vom Bergrestaurant aus genießen.

Sierre. Wer das Bergbahnenparadies über Crans-Montana nicht im eigenen Wagen ansteuert, kann sich von der 1911 eröffneten Standseilbahn Sierre–Montana-Crans (rechts und unten) bequem und benzinsparend hinauftragen lassen. 931 Meter überwindet diese Seilbahn in zwei Sektionen. In sanften Kurven schlängeln sich die roten Fahrzeuge, wenn nötig samt Güterwagen (rechts), berg- oder talwärts. Bemerkenswert ist, daß diese Zubringerbahn ganz im Gegensatz zu den Luftseilbahnen der Region auch im Sommer regelmäßig gut ausgelastet ist. Ebenso bemerkenswert ist, daß die Bahn am 4,2 Kilometer langen Seil im Jahre 1945 mit 245 980 Personen die erfolgreichste Saison hatte. 1977 waren es noch 163 234 Ausflügler, Skifahrer und Feriengäste, die das gemächlich auf und ab pendelnde Bähnchen benützten. Bis 1950 war die Standseilbahn die einzige mechanische Attraktion der Region. Mit dem Ausbau zum modernen Wintersportplatz wurden auch leistungsfähige Straßen gebaut, so daß heute die große Mehrzahl der Besucher im eigenen Wagen zu den Schlaf- und Après-Ski-Plätzen fährt.

Crans-Montana war von jeher bekannt für sein mildes, sonniges Klima. Pensionen, Hotels, Chalets bieten dem Gast Komfort nach Maß. Erwähnenswert ist der Golfplatz von Crans, der weltweit bekannt ist und auf dem alljährlich Derbies mit weltbesten Golfern ausgetragen werden.

Auch ein Besuch des Bezirkshauptorts Sierre ist zu empfehlen: Steigt man in eine seiner Nebengassen hinauf, so findet man jene sehr bescheidenen Unterkünfte aus Stein und Balkenwerk, in denen die Anniviarden hausten, wenn sie mit ihren Kindern, den Maultieren und dem Vieh aus ihren Bergnestern zu Tal stiegen, um hier im Rebwerk zu arbeiten.

Veysonnaz. Die Gondelbahn Veysonnaz–Thyon 2000 (unten und rechts) führt hinauf zu einem Plateau über Sion, wo zu Beginn der siebziger Jahre ein moderner Ferienort vom Reißbrett direkt auf die Landschaft übertragen wurde. Der Name des voralpinen Retorten-Paradieses deutet die angenehme Höhenlage an, in der sich vor allem die Wintersportler treffen.

Von der Talstation im Flecken Veysonnaz, 1235 m ü. M. gelegen, fahren die Gondeln auf ihrem 2,7 Kilometer langen Weg zum Plateau von Thyon, das exakt 800 Meter höher liegt. Hinter dem Hügelkamm der Thyon-Hochebene staut sich der Lac des Dix, aus dessen Wasser die Aiguilles-Rouges herauszuwachsen scheinen. In ihrem ersten Teilstück überqueren die Gondeln Alpwiesen, der zweite Abschnitt führt durch voralpinen Fichtenwald, ehe die Gondeln an der Bergstation anlegen. Das «Bergdorf» Thyon 2000 ist Ausgangspunkt für viele Wanderungen hoch über dem Rhonetal. So führt ein Höhenweg über Hérémence zur Dixence-Staumauer und zum letzten Ausläufer des Rosa-Blanche-Gletschers. Überragt wird die Gegend vom Mont-Collon (3637 m ü. M.) und vom Mont-Blanc-de-Cheilon (3870 m ü. M.), die ihrerseits vom Grand-Combin, von der Dent-d'Herens, vom Matterhorn und vom Monte Rosa umrahmt werden. Innerhalb dieser stolzen Viertausender nimmt sich das Hügelchen, auf dem Thyon 2000 geschaffen wurde, recht bescheiden aus, und verglichen mit den anderen, gipfelstürmenden Walliser Bergbahnen ist die Gondelbahn zum Thyon-Plateau doch eher zahm. Aber neben der weiten Sicht ins Rhonetal und einem umfassenden Rundblick auf die Walliser Gebirgsriesen kann sich Thyon rühmen, Ziel- oder Startort einer Gebirgswanderung zu Fuß oder mit Bergbahnen zu sein, die bis nach Verbier führt und dabei das Super-Nendaz-Gebiet berührt und den Mont-Gelé auf seiner Nordflanke streift.

Le Chargeur. Das ist die Bergbahn, die zur höchsten Staumauer der Welt hochfährt (oben): die Luftseilbahn Le Chargeur–Blava beendet ihre 635 Meter lange und über 232 Meter Höhendifferenz gehende Fahrt an der Krone der Grand-Dixence-Stauseemauer (links). An diesem von Menschenhand geschaffenen Alpsee ist das größte private Schweizer Naturschutzgebiet zu finden, das bald nach den Bauarbeiten wieder von Murmeltieren, Gemsen und Steinböcken in Besitz genommen wurde.

Haute-Nendaz. Die Gondelbahn Haute-Nendaz–Tracouet (links) verläßt die weite Hochebene gegenüber den Berner Alpen und schwingt sich auf ihrer 2,3 Kilometer langen Fahrt über voralpine Nadelwälder hinweg zur 800 Meter höher gelegenen Bergstation. Tracouet, von November bis Juni ein schneesicheres Gebiet, hält für seine Gäste zahlreiche Wanderwege offen, von denen der schönste sicher durch das Nendaz-Tal zum Cleuson-Stausee führt, der am Fuß der Rosa-Blanche liegt.

Riddes. An der Westflanke der Haute-Nendaz-Erhebung gleiten die Kabinen der Luftseilbahn Riddes–Isérables (oben) zum kleinen Walliser Bergdorf hinauf und überwinden dabei auf ihrer knapp zwei Kilometer langen Fahrt 616 Meter Höhendifferenz. Von hier führt ein Höhenpfad ins Haute-Nendaz-Gebiet, und in südwestlicher Richtung, über den südlichsten Ausläufer des Mont-Gelé, ist über Mayens-de-Riddes die Talstation im Rhonetal wieder zu erreichen.

Verbier. Die Geschichte des Walliser Bergdorfes – im Tal von Bagne, 12 Kilometer von der Straße des Großen Sankt Bernhards, auf 1500 m ü. M. gelegen – liest sich fast wie ein Märchen. Ein sehr modernes Märchen allerdings, denn noch zu Beginn der vierziger Jahre war Verbier bloß durch eine Straße mit der Talschaft verbunden. Die eigentliche Entwicklung zum heutigen mondänen Wintersportort mit 1200 Einwohnern und einem Mehrfachen an Feriengästen setzte erst in den fünfziger Jahren ein. Heute ist die Hangmulde, an die sich der Kurort schmiegt, mit zahlreichen Chalets, Villen und Gaststätten übersät. Ganz massiv aufwärts mit Verbier ging es ab 1957, als die Luftseilbahn Les Ruinettes–Les Attelas (vorhergehende Doppelseite) eröffnet wurde. Damit konnte zum erstenmal eine größere Anzahl Touristen zum herrlichen Skigebiet am Mont-Gelé gebracht werden.

Zubringerbahn zur Talstation ist die Gondelbahn, die von Le Châble über Verbier bis Les Ruinettes führt und damit mitten ins Herz einer grandiosen Bergwelt, die selbst für schweizerische Begriffe touristisch außerordentlich gut erschlossen ist. Von dieser Talstation, die weit über der Baumgrenze liegt, führt die Luftseilbahn über einen schroffen Felsabfall hinweg und bringt dabei auf ihrem 1540 Meter langen Weg eine Höhendifferenz von 537 Metern hinter sich, ehe sie bei Les Attelas auf 2722 m ü. M. ihre Bergstation erreicht. Hier finden sich nicht nur glänzend präparierte Abfahrtspisten und Langlaufrouten, die das Herz eines jeden Wintersportlers höher schlagen lassen; auch außerhalb der weißen Saison ist in dieser schönen Gegend weit über den letzten Chalets von Verbier einiges zu entdecken, etwa die Wanderung zum Lac des Vaux, einem Hochgebirgssee, der friedlich in einen vulkanähnlichen Krater eingebettet ist und von dem ein Weg über den Col de Chassoure zur Alp von Tortin führt.

Les Attelas. Als Anschluß und weiterführende Linie an die Luftseilbahn, die von Les Ruinettes nach Les Attelas führt, verkehrt die Luftseilbahn Les Attelas–Mont-Gelé (rechts) in Höhenlagen zwischen 2720 und 3020 m ü. M. 300 Personen in der Stunde bringen die seit 1960 zu Berg führenden Kabinen auf den Mont-Gelé, den Dreitausender auf der Sonnenterrasse gegenüber den noch höher ragenden Walliser Bergriesen. Es ist eine Fahrt über 872 Meter Länge und eine Höhendifferenz von 268 Metern, die zu einem Berg am Rand einer kraterähnlichen Vertiefung führt. Die Bergstation liegt am Nordabhang dieses vereisten «Vulkans», den die Natur zur Zeit der Alpenauffaltung schuf, und am Beginn eines Höhenweges, der jeden Bergwanderer locken muß, führt er doch inmitten einer grandiosen Landschaft und im Angesicht der Walliser Viertausender talwärts zur Cabane Mont-Fort.

Überhaupt muß das Gebiet um Verbier manchen Berggänger dazu verführen, mehr als eine Bahn zu benutzen, um die vier Täler und die dazwischenliegenden Höhenzüge rund um den Kurort zu erkunden. Für solche Ausflüge und Exkursionen stehen in der Gegend von Verbier mehr als 80 Bergbahnen zur Verfügung. Wer etwa in Le Châble startet und über Verbier bis Les Ruinettes die Gondelbahn benutzt, von dort bis Les Attelas in die Luftseilbahn umsteigt und die Sesselbahn zum Lac des Vaux nimmt, kann sich mit einer weiteren Sesselbahn zum Col de Chassoure bringen lassen. Von dort startet eine Gondelbahn nach Tortin, an die sich zwei Skilifte bis Super-Nendaz anschließen – vom Startort her gerechnet mehr als zwölf Kilometer Bergbahnfahrt durch eine der schönsten – und südlichsten! – Gegenden des Kantons Wallis. Verbier selbst als zentrale Station all dieser Sehenswürdigkeiten bietet seinen Gästen, die aus aller Herren Ländern anreisen, neben einer erstklassigen Gastronomie und einem im Winter recht regen Nachtleben Annehmlichkeiten wie etwa einen eigenen Flugplatz und Schwimmbäder.

Les Marécottes. Die Talstation, im Vallée du Trient auf 1100 m ü. M. gelegen, ist der Startplatz der 1372 Meter langen Reise der Gondelbahn Les Marécottes–La Creusaz, bei der die silbernen Gondeln 654 Meter hochklettern. Es ist im Sommer eine Reise hinauf zu Alpenrosen und Enzian, die am Südwesthang vor Les Marécottes in verschwenderischer Vielfalt gedeihen. Wer den Aufstieg von der Bergstation auf die Kuppe nicht scheut, findet dort einen großartigen Aussichtspunkt auf den Lac de Salanfe und die dahinter liegenden Dents-du-Midi, die den Gebirgssee einrahmen und deren Firne sich in dem klaren Wasser spiegeln. Les Marécottes selbst hält als besondere Attraktion für seine Gäste einen alpinen Zoo bereit, in dem Gemsen und Steinböcke, die Kletterkünstler unserer Alpen, zu bewundern sind. Das kleine Dorf Les Marécottes ist der Eingang zu einem Grenztal nach Frankreich, an dessen Ende Chamonix liegt und das durch das mächtige Massiv des Montblanc abgeschlossen wird.

Emosson. Klein, aber steil! Immerhin 60 Personen in der Stunde schafft die Zahnrad-Monorail Emosson–Lac d'Emosson zur Staumauer hinauf. Dieses moderne Transportmittel, 1977 erst gebaut, hält trotz der kurzen Schienenlänge über nur 200 Meter einen Weltrekord: Es ist der steilste Zahnradaufzug der Welt, der auf seinem Aufstieg eine Höhendifferenz von 115 Metern und somit Steigungen bis zu 80% schafft. Das hübsche rote Züglein verbindet die Endstation des kleinen Emosson-Zuges, der in Château-d'Eau startet, mit der Staumauerkrone des Lac d'Emosson. Hier oben, knapp unter der Zweitausendergrenze, bietet sich eine großartige Aussicht auf die Montblanc-Kette. Die Bergstation La Gueulaz, von der aus ein Zugang zur Staumauerkrone möglich ist, liegt am Anfang einer sehr schönen Wanderung zum Col de la Gueulaz, von wo ein Bus nach Finhaut geht und wo neben einem gemütlichen und heimeligen Bergrestaurant eine Kapelle zu finden ist, die zu besichtigen sich lohnt.

Champéry. In diesem westlichsten Zipfel des Wallis, unweit der Simplon-Linie und der Straßentunnels des Großen Sankt Bernhards und des Montblanc, bewältigen die Kabinen der Luftseilbahn Champéry–Planachaux ihren 1660 Meter langen Weg über 705 Höhenmeter. Über voralpine Nadelwälder (links) hinweg verläuft der erste Teil der Strecke, während der zweite Abschnitt (oben) sich immer mehr dem französisch-schweizerischen Verbindungsort Avoriaz-Morzine nähert. Das Planachaux-Gebiet, unter der Kuppe des Croix-de-Culet in einer Höhenlage um zweitausend Meter gelegen, wird durch vier Skilifte glänzend erschlossen und vor allem den Wintersportlern zugänglich gemacht. Doch auch in der schneefreien Zeit hat die Gegend gegenüber den Dents-du-Midi ihre Reize. Zahlreiche Wanderwege führen durch urwüchsige Walliser Bergwälder und über Alpwiesen. Ganz mondän gibt sich die Talstation Champéry, zwischen Montblanc und Genfersee gelegen, mit dem 18-Loch-Golfplatz.

Bildnachweis

Fred Barbier, Braunwald
Ernst und Margrit Baumann, Hinterkappelen
Bergbahnen Engelberg–Trübsee–Titlis
Bergbahn Weißenstein AG, Solothurn
Beringer & Pampaluchi, Zürich
Foto Bürgi, Vitznau
Willy P. Burkhardt, Buochs
Comet-Photo AG, Zürich
Siegfried Eigstler, Thun
Karl Engelberger, Stansstad
Foto Fetzer, Bad Ragaz
Walter Floreani, Glion
Garaventa AG, Goldau
Fotohaus Geiger, Flims Waldhaus
Lisa Gensetter, Davos
Photo Gyger, Adelboden
Habegger AG, Thun
Hans Heiniger, Spiez
Foto Kehrer, Kriens
Photo Klopfenstein AG, Adelboden
Kronbergbahn, Gonten
Herbert Maeder, Rehetobel
Franz Marti, Dietwil
Foto Max, St. Moritz
Photoglob-Wehrli AG, Zürich
Pilatusbahnen, Luzern
Daniel Quinche, Echandens
Stefan Reiß, Davos
Rhätische Bahn, Chur
Rigibahngesellschaft, Vitznau
Edmond Van Hoorick, Richterswil
Verkehrshaus der Schweiz, Luzern
Von Roll AG, Bern
Fred Wirz, Luzern
Zentralbibliothek Zürich
Fotohaus P. Zwahlen, Lenk

Wir danken den Verlagen, Herausgebern und Gesellschaften der nachfolgend aufgeführten Publikationen; sie haben uns gestattet, für die Einleitung einzelne Bilder, Zeichnungen und Pläne direkt aus den Büchern zu kopieren.
Das Stanserhorn und seine Welt, von Ferdinand Niederberger; Herausgeber: Stanserhornbahngesellschaft.
Ein Jahrhundert Schweizer Bahnen, Band 5; Verlag Huber & Co. AG, Frauenfeld.
Jungfrau expreß – Mit der Jungfraubahn ins Hochgebirge, von Dr. Verena Gurtner; Orell Füßli Verlag Zürich.

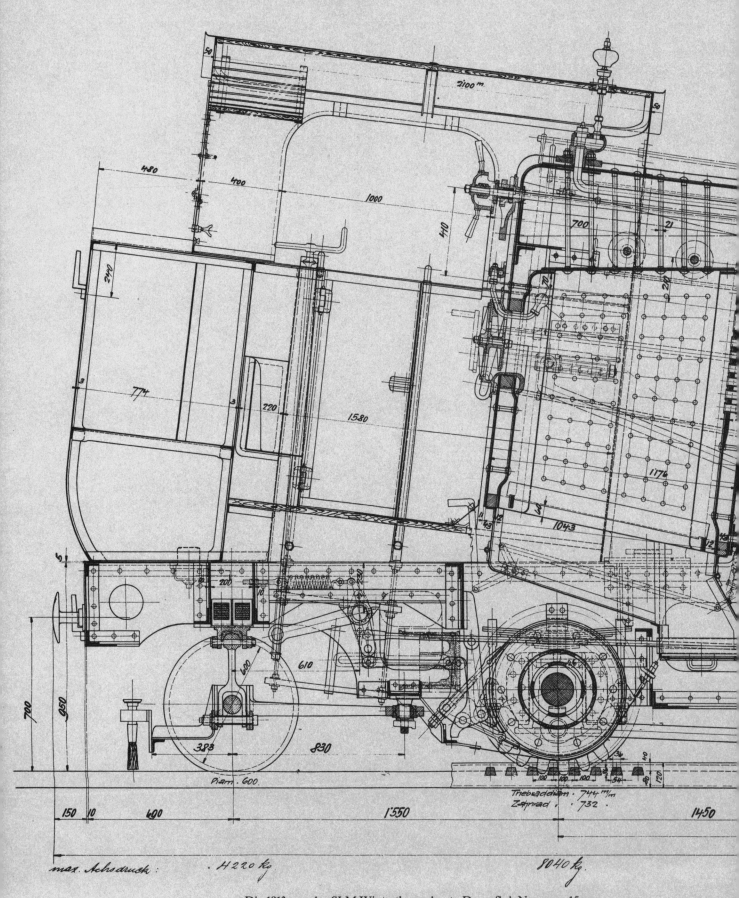

Die 1913 von der SLM Winterthur erbaute Dampflok Nummer 15 der Vitznau—Rigi-Bahn war die erste Ausgabe der neuen 3er-Serie mit einer Leistung von 500 statt nur 250 PS. Die Nummer 15 wurde 1941 ausrangiert, die Nummern 16 und 17 werden heute noch jeden Sommer für fahrplanmäßige und Extrafahrten eingesetzt.